YouTuber会計士が
ゆる〜く教える
会計超入門

ぶっちゃけ
まったく
会計のことが
わかりません…

公認会計士 小山晃弘

飛鳥新社

私はビジネス書を
中心に本を
まとめるライターだ

こんにちは！
「会計」に興味ありませんか？
これからの時代のビジネスパーソンは
やっぱり「会計」かな、と。

いつものごとく
なじみの編集者から
メッセージが届いた

言われてみると
ビジネス書には
ありとあらゆる
「会計の本」が出ている

その編集者によると
イケてる
ビジネスパーソンは

今「会計」を学んで
いるとか…

一緒に作りましょう！

数学と計算がイヤで
文系になった私は
当然断った

いや…「会計」…ナゾすぎます。
今回はちょっとむずかしい
かもです。

「わり算」が
できれば
大丈夫…??

ウソ
やろ？

ホンマ
です

小山先生は
YouTuberとして
会計知識を広めつつ
業界最大手の専門学校TAC
でも教えている方だ

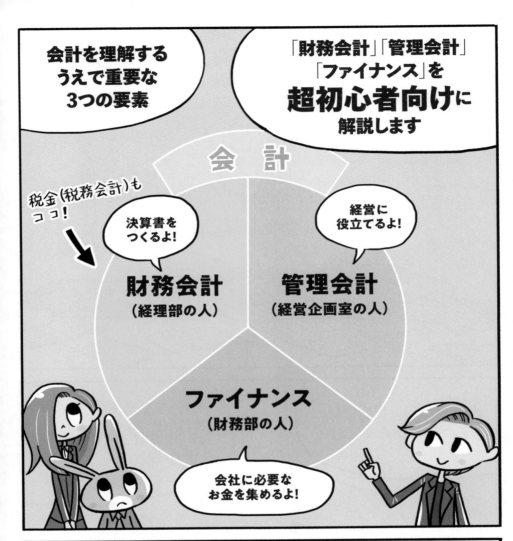

知って オトク

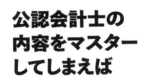

公認会計士の
内容をマスター
してしまえば

お金関連
資格の
最上位

公認会計士

年収も
高め →

税理士

FP1級 簿記1級

米国公認会計士
FP2級 簿記2級
中小企業診断士

FP3級 簿記3級

お金に関する
知識をほぼ網羅
できるんですよ!

※ランク分けは
諸説あり。

超ゆるーく
会計の授業を始めて
いきましょう!

決算書も
ラクラク
読めるように
なりますよ

はーい!

ふだんの生活にも！
資格取得にも！
超役立つ「会計」のヒミツ

改めて、はじめまして。YouTuber 会計士の小山晃弘です。

冒頭のマンガを読んで、少しでも「会計」に興味を持っていただけたでしょうか？

会計とは冒頭で紹介したように、「お金の流れを見える化すること」。

もともとが株式会社の誕生とともに発展してきたこともあり、使い道としては「経営状態を数字で把握すること」や「儲けを最大化すること」です。

そのため、ビジネスの世界で発展してきましたが、実は「これからの時代は"特に"どんな人にとっても必要なもの！」と強調したくて本書を出版することにしました。

著名な経営コンサルタントである大前研一さんは、これから活躍する人材には「英語、IT、そして会計のスキルが必須」と言いました。

それもそのはず、英語も IT も会計も「世界共通言語」なのです。資本主義経済において、会計は世界中どこでも通用するスキルです。

会社員やフリーランス、アルバイトの方々、これから働く学生さん、すべての働く人にとって、会計の知識は「超強力な武器」になります。

会計の知識はビジネス実務に役立ちますが、それだけではありません。

　会計の基礎を知るだけで、広い視野と複眼的な視点を身につけることができ、「ものの見方」が180度変わります。

　私は会計をベースにしたものの見方を「会計思考」と呼んでいます。これは「21世紀を生きる社会人の教養」と言っても過言ではありません。

　たとえば、私がYouTuber会計士を始めたのもまさに「会計思考」から。

　公認会計士は比較的収入の高い仕事ですが、監査法人のなかで、大きな企業だけを相手に会計士人生を終えることも少なくありません。

　もちろん、そんな人生を否定はしませんが、私は、令和の日本はもっと自由な環境にあると思っています。

　「老若男女問わず、会計の知識を多くの人に伝えられないか？」「私自身もさらに成長できるものはないか？」を考えたときに、ネット環境さえあれば、だれでもタダでアクセス可能なYouTubeを利用することがベストだと考え、発信源として選ぶことにしたのです。

　おかげで、新しい出会いが増え、仕事の幅が大きく広がりました。

　会計士の本業だけでなく、各種イベントや講演依頼、資格の学校TACでの講師業、書籍の執筆依頼など、**フツーに会計士をやっていては到底得られない「成果」を手にすることができた**のです。

　依頼が増えれば、それだけ選択肢も増えます。すると、「質と単価が高い仕事」を自分で選ぶことができるようになります。

仕事が選べるというのは、人生の選択肢が増えることを意味し、選択肢が増えれば幸福度も上がります。

　金融用語で「**オプション理論**」というものがありますが、まさにこの考え方。「Aという仕事しか選べないから、Aをやる」のと「AとBが選べるなかで、Aを選んだ」のでは、幸福度がまったく違います。

　また、私が見ていて感じるのは、YouTubeやSNSを使ってブランディングをしている方に、「**会計思考**」、とくに「**ストック思考**」を持つ方が多いということ。

　会計には「フロー（流れる：一過性）とストック（貯める：資産性）」という用語がありますが、コレらはP/L（損益計算書）とB/S（貸借対照表）に紐づく考えです。

　本書の推薦をくださったひろゆきさんをはじめ、メンタリストDaiGoさんや中田敦彦さん、堀江貴文さん、キングコングの西野亮廣さんなどはまさに「ストック思考」で、おもしろい話や勉強になる説明という「作業（＝フロー）」を、YouTubeやTwitterなど自らのメディアに「ストック（＝ためていく）」ことにより「信用貯金」をして、ご自身の価値やスキルを上げているのです。

　多くの方は「フロー（＝作業）」だけで終わってしまいがちですが、上記の方々は、「フロー（＝作業）」→「ストック（＝貯蓄）」をガンガン繰り返して、雪だるま式に資産を大きくしています。

　私の場合も、「フロー」としてセミナーや講演などで全国を回っていますが、それを撮影した動画で「ストック」しておいて、YouTube

で配信します。そうすれば、全世界で365日24時間動画が働いてくれる。するとさらに、生で講演を聞きたいという有料の依頼がきます。それも撮影する……「フロー」→「ストック」→「フロー」のくり返しです。

　単純なようですが、超効率的に資産を増やすことができます。

　本書では会計に関する「基礎知識」をできるだけ広く、わかりやすくお伝えしていきます。PART1で会計のイメージをつかんでいただき、PART2〜5ではみなさんの生活にも役立つ「**財務会計**」「**管理会計**」「**ファイナンス**」の知識を「これでもか！」というくらいかんたんに説明しました。

　会社の儲けのしくみを知りたい方、決算書を読んでみたい方や、会計の本を読んで挫折した方、お金の資格（公認会計士、税理士、簿記、FPなど）取得をめざすみなさんの「最初の1冊」にふさわしい内容です。

　そして、最終的には「会計思考」を身につけ、仕事の場面だけでなく、ふだんの生活にも活用していただければと思っています。

　では、会計の授業を始めていきましょう！

YouTuber 会計士　小山 晃弘

Contents

ぶっちゃけ会計のことがまったくわかりません…
YouTuber会計士がゆる〜く教える　会計「超」入門

ふだんの生活にも！資格取得にも！
超役立つ「会計」のヒミツ …………… 14

PART
1

会計ってなんですか？ ザックリ！ 会計の 「全体像」をつかむ！

1　そもそも「会計」ってよくわからん！ …………… 26

2　なんのために会計ってあるの？ …………… 28

3　外向きと内向きの会計 …………… 31

4　「税務会計」は財務会計をベースにつくられている …………… 34

　「会計×歴史」コラム①　大航海時代と株式会社の幕開け …………… 36

　「会計×歴史」コラム②　簿記のルーツはヴェネチアにあり！ …………… 38

5　家計と会計のちがい①　単式簿記VS複式簿記 …………… 39

6　家計と会計のちがい②　現金主義VS発生主義 …………… 42

7　鉄道事業から生まれた「減価償却」の概念 …………… 44

　「会計×歴史」コラム③　鉄道事業から生まれた「減価償却」 …………… 45

8　簿記と会計のちがいって？ …………… 46

9　財務とファイナンスはややこしい！ …………… 47

10 税理士と公認会計士のちがいって？ ………… 50

11 IFRSでバラバラの会計基準を統一しよう！ ………… 52

12 会社には「会計」にまつわるいろんな部署がある！ ………… 55

「会計×歴史」コラム④ 猛反発のすえ、大蔵省が財務省になった
理由は「検非違使」!? ………… 57

会計思考を身につけよう！①
会計を学ぶと、「自由な思考」が手に入る ………… 58

PART 2 知識ゼロでも サクッと！決算書を 読めるようになろう！

1 P/LとB/Sは「フローとストック」の関係 ………… 60

2 財務会計のキホン① 「記録」の大きな流れを見てみよう！
………… 63

3 財務会計のキホン② 「決算書」にもいろんなカタチがある！
………… 66

4 財務会計のキホン③ 会計の大前提となる3つの「公準」 ………… 69

5 P/L「損益計算書」① 「5つの利益」を知ろう！ ………… 71

Contents

6 P/L「損益計算書」② ビジネスにとっての「優先順位」が
読み解くヒントになる！ ……… 76

7 P/L「損益計算書」③ 「売上に対する利益」は業種によって
バラバラ ……… 78

会計思考を身につけよう！② 「資格」は人生に有利!? 時と場合によるかもよ
……というお話 ……… 80

8 B/S「貸借対照表」① 企業の「体質」が見えるバランスシート

……… 81

9 B/S「貸借対照表」② なぜ？ 左右がバランスする理由 ……… 84

10 B/S「貸借対照表」③ 「資産」の中身を見てみよう！ ……… 88

11 B/S「貸借対照表」④ 「負債」と「純資産」を見てみよう

……… 90

12 B/S「貸借対照表」⑤ 株主や投資家は運命共同体！ ……… 92

13 B/S「貸借対照表」⑥ 「債務超過」ってどういう状態？ ……… 94

会計思考を身につけよう！③ 国の上限金利を大きく超えるブラック手数料？
給与前払いサービスの罠 ……… 97

14 B/S「貸借対照表」⑦ ニュースでたまに見る「のれん」ってなに？

……… 98

15 C/S「キャッシュフロー計算書」① 「黒字倒産」はなぜ起きる？ ……… 100

16 C/S「キャッシュフロー計算書」② 「3つに分解」すれば読める！ ……… 103

17 C/S「キャッシュフロー計算書」③ CFからわかる「6つの物語」 ……… 105

18 「財務」と「税務」の決定的なちがいって？ ……… 109

19 本物の決算書を見てみよう！ ……… 112

会計思考を身につけよう！④ 年収にだまされてない？ 物事を「因と果」で
　　　　　　　　　　　　見るクセをつけよう！ ……… 122

PART 3 ゆる～く！ 簿記のキホンを 学ぼう！

1 簿記のキホン① 「借方」「貸方」ってなに？ ……… 124

2 簿記のキホン② 「借方」と「貸方」は常に同額！ ……… 127

3 簿記のキホン③ 「勘定科目」には定位置がある！ ……… 129

4 簿記のキホン④ よく使う仕訳は「10パターン」だけ！ ……… 132

5 簿記のキホン⑤ 試算表を経て財務諸表になる ……… 135

6 簿記のキホン⑥ 簿記の資格では、なにを勉強するの？ ……… 140

　　会計思考を身につけよう！⑤ 目先の現金より、将来のリターン？ 学費は
　　　　　　　　　　　　「減価償却資産」と考えよう ……… 142

　　会計思考を身につけよう！⑥ キャッシュポイントを増やすなら、
　　　　　　　　　　　　まずはスペシャリストをめざせ ……… 144

Contents

PART

4

スルッと！管理会計の定番手法を覚えよう！

1　「経営改善」のための分析テクニックを知ろう！ ………… 146

2　いろいろな種類がある「収益性分析」 ………… 148

3　会社の安全性の指標になる「自己資本比率」って？ ………… 151

4　資金的なゆとりがわかる「フリーキャッシュフロー（FCF）」 ………… 155

5　「ROE」は3つに因数分解できる！ ………… 158

6　どこまで育つ？「会社の成長性」を調べてみよう！ ………… 161

7　損益分岐点（CVP）分析がまるわかり！ ………… 164

8　「在庫回転率」ってどう計算するの！？ ………… 170

9　意思決定で使う！「埋没原価」＆「機会原価」＆「機会損失」 ………… 172

10　生産性アップで大事なのは「ボトルネック」 ………… 177

11　ものづくりに欠かせない「製造原価」計算 ………… 181

STAFF

編集協力●郷和貴　　　　　　　本文デザイン●高橋明香（おかっぱ製作所）

本文イラスト●こおにたびらこ　　校正●加藤義廣（小柳商店）

らっくらく♪ ファイナンス理論の キホンを知ろう！

PART 5

1 かならず覚えたい！「貨幣の時間的価値」 ………… 184

2 「DCF法」で投資判断をしてみる ………… 190

3 無借金経営が優れているワケではない!?「MM理論」の話
………… 196

4 ポートフォリオ① 投資の鉄則「現代ポートフォリオ理論」………… 199

5 ポートフォリオ② 「加重平均」でトータルの利回りを計算する
………… 201

6 ポートフォリオ③ リスクヘッジするなら「相関」を見よ！ ………… 204

会計思考を身につけよう！⑦ 成長爆上がり！のヒミツは
「1年で区切る」発想 ………… 207

7 投資家の期待度がわかる！「PER」 ………… 208

8 株価のお買い得感がわかる！「PBR」 ………… 212

会計思考を身につけよう！⑧ 危険！自分が「ボトルネック」
になっているかもよ？ ………… 215

先行き不透明なヤバい時代、あなたはどう生きていく？ ………… 216

超役立つ「会計用語」集 ………… 220

※本書は、2021年9月現在の会計基準や税法をもとに書かれています。

［ 登 場 人 物 紹 介 ］

教える人

小山晃弘 先生
（こやまあきひろ）

自由を愛するあまり最大手監査法人を辞めて
起業した、公認会計士の先生。
「会計」の魅力を伝えるべく、
YouTuber会計士としても活躍。
資格の学校TACでも「会計」を教えている。
ときどき生まれ故郷の大阪弁が出ることも。

教わる人

職業、フリーのブックライター。
月に1冊のペースで執筆している。
うさぎのように慎重な性格のわりに、
人生の浪費がめっぽう多いため、
今回「会計」の授業を受けることに。

担当編集

自分の興味・関心や趣味の世界に、「仕事」の名目で
周囲を巻き込む張本人。

PART

1

会計ってなんですか?
ザックリ! 会計の
「全体像」をつかむ!

SECTION 1

POINT ここがポイント！

そもそも「会計」って よくわからん！

- ☑ 会計＝「集めて、数える」＝「お金の流れを見える化すること」
- ☑ 会計は、会社の会計（企業会計）、財政（政府会計）、家計（家庭 会計）など、いろいろ
- ☑ 単に「会計」と言うときは、「会社の会計」をさす場合が多い

いきなりぶっちゃけますけど、「会計」という言葉をパッと見て、飲み屋で「大将、お会計！」って言っているシーンくらいしかイメージが湧きません（笑）。それくらい「会計」って意味不明な世界で……。

そういう人多いですよ。でも、個人事業主ですよね？　毎年確定申告していませんか？

しています。毎年3月になると「あの領収書どこ？（泣）」「計算ぜんぜん合わねーぞ！（涙）」って、会計ソフトで数字と格闘しています。

それも立派な「会計」ですよ。そもそも**「会計」の「会」は「集める」、「計」は「数える」という意味**。領収書をかき集めて数字を打ち込む行為って、会計そのものなんです。

へーーー！

じゃあ何を「集める」かというと、レシートやら納付書やらの「お金の出入りの記録」です。「**会計**」をひとことで表現すると、「**お金の出入りを見える化**」することなんですね。

身近な「家計」でたとえてみても、含まれる意味はこんなにあります。

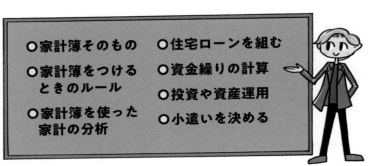

- ○家計簿そのもの
- ○家計簿をつけるときのルール
- ○家計簿を使った家計の分析
- ○住宅ローンを組む
- ○資金繰りの計算
- ○投資や資産運用
- ○小遣いを決める

いずれにせよ「**家のお金を見える化**」するためにやることなんですね。もし家計簿をつけていなかったら、どんなことにお金を使っているのか？ いくらお金が溜まったのか？ がサッパリわからない。

たしかに。

会計って実はいろんな種類があって、「家計」もりっぱな会計の一種。政府や役所が使う会計は「公会計」といいますけど、世間的には「財政」って呼びます。ただ「会計」というときは、一般的に「会社の会計」のことをさすんです。

家計も財政も、ぜんぶ「会計」なんだ……！

だから実は、「世の中で起きるお金の動き」って、基本的にすべて会計の対象なんですよ。現代社会がお金を中心に動いていることを考えると、私たちの生活と切っても切り離せない大事な知識なんです。

SECTION

2

POINT

ここが
ポイント！

なんのために
会計ってあるの？

☑ もともと会計は、社外の人に「報告するため」に生まれた
☑ 「社外向けの会計」と「社内向けの会計」がある

なんで「会計を知るとイケてる」みたいな話になるんですか？　お金の
儲け方がわかるから？？？

会計がわかると会社の存在意義や存続条件、つまり「会社のこと」が
めっちゃわかるようになります。これって稼いだり儲けたりするための
超重要な知識。なので、企業会計がなぜ存在しているのかを、まず説明
していきますね。

**会計はそもそも、「外の人（投資家や銀行、取引先など）」に、「お金をどん
なふうに使っているか」を報告するために生まれました。**

それって……妻に給料を渡している夫が、「ちょっと家計簿を見せてく
れない……？」って聞くみたいなものですか？

そうです！　まあ奥さんが相手の場合は、「は？　私を疑うつもり!?」
と、秒で言い返される可能性もありますけど（笑）。

……うう、なぜか動悸がしてきました（汗）。

あるいは、たとえば友だちが「商売始めるから100万円貸して！　ちゃ
んと利息をつけて返すから」と言ってきたとしますよね。で、お金を貸
したとたん、友だちが高級車を乗り回し始めたらどう思います？

「あれっ、お金返ってくるのかな……」とめっちゃ不安になります。

ですよね？　なぜなら商売のために集めるお金は、「そのお金を元手にしてさらなるお金を生み出し、利息をつけてちゃんと返す」もしくは「儲けを山分けする」ということが前提にあるからです。

でも、**外部の人にとって会社のなかで起きていることはよくわかりません。とはいえ、お金を出資したワケだから、どう使われているか知る権利がある。そこで会計という「報告」のための仕組みが生まれたんです。**

うわぁぁぁ、納得です。

こうして会計は「社外向けの報告」の手段として生まれてきたんですけど、社内のお金の流れを記録して集計するって、よく考えると自分の会社を客観的に分析したり、将来的な計画を立てるときにも役に立ちそうじゃないですか？

たしかに、そうですね〜……って生まれてこの方、家計簿すらつけたことがないですけど。

じゃあ、逆に質問ですけど、なぜ一度も家計簿をつけたことがないんですか？

めんどくさいから（笑）。あとは、「金は天下の回り物だし、なんとかなるっしょ」って。

楽観的ですね（笑）。ただ、会社でお金が不足するのは、「あってはいけないこと」なんです。

取引先に入金できないとか銀行にお金を返せないことが起きると、最悪ビジネスができなくなるかもしれない。そうならないように、会社って**お金の出入りとか蓄積や借金を「常に見える化」した状態にする**んです。

 そっか、「経営者が几帳面だから」みたいな話じゃないんだ。

 必要に迫られてなんです。そこから「お金がショートしない、健全な経営をしよう！　そのために、社内のお金の流れも把握しよう！」と「**社内向けの報告」を目的とした会計**も登場してきました。

 会計は社外の人への報告と、自分（自社）の財政を確認するための役割かぁ。理解した自分がちょっとイケてる気がしてきました！

▌会計には「2つの役割」がある

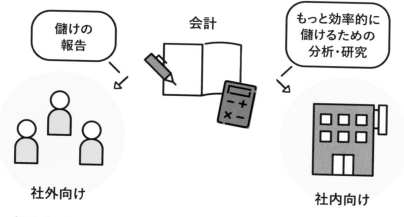

儲けの報告

会計

もっと効率的に儲けるための分析・研究

社外向け

・投資家・株主

・銀行

・税務署（国等）

・取引先、従業員（求職者）など

社内向け

・経営層

・経営企画室や財務、経理など会社の数字に関わる人

SECTION

3

POINT

ここが
ポイント!

外向きと内向きの会計
財務会計と管理会計

☑ 社外向け=財務会計…決算書としてデータをまとめて報告
☑ 社内向け=管理会計…経営改善のために、データを分析
☑ 財務会計はルールあり、管理会計はルールなし

 会計には大きく分けて「社外向け」と「社内向け」があると説明しました。**社外向けの会計のことを「財務会計」、社内向けの会計のことを「管理会計」**と言います。目的が違うので、まず知っておきましょう。

 ザイムとカンリ……。急激にむずかしい言葉が……（汗）。

 迷ったら、こんな感じで思い出してみてください。

> 会社の「財務」状況を報告するための会計=財務会計
> →社外向け
>
> 経営を「管理」をするための会計=管理会計
> →社内向け

このうち会計の超基本となるのが「財務会計」のほう。**簡単に「財務会計」の目的を言うと、「決算書」をつくって外部に報告すること**です。
会社のお金の状況やビジネス上の成績を、年に1回とか社外の人に報告することを「決算」と言いますが、そのときに使う書類が決算書です。

 **決算書……!!
数字だらけのヤツだ（泣）。**

ただ「決算書」って会計用語ではなくて、正式には**財務諸表**と言います。財務諸表って本当はいろいろあるんですけど、知っておきたいのは、**P/L**（ピーエル）、**B/S**（ビーエス）、**C/S**（シーエス）の**3つ**。
この3つの書類のことを**財務三表**と言ったりします。

財務三表ってなぁに?

P/L 損益計算書(Profit and Loss Statement)
→ 会社の経営成績（儲け）がわかる

B/S 貸借対照表(Balance Sheet)
→ 会社の財政状態（会社の持ち物）がわかる

C/S キャッシュフロー計算書(Cash-flow Statement)
→ 会社の現金の出入りがわかる

（※この本ではP/L、B/S、C/Sの表記で説明します）

先生、ストップ！ 情報多すぎて、めまいが……。

ここでポイントなのが、「**財務会計には決まったルールがある**」こと。
家計簿ならどう記録しようが勝手だけど、企業会計になると決まりにしたがって記録する必要があります。

なぜですか?

たとえばA社とB社で、利益の計算の方法が違っていたら、比較しづらくて、お金を出す投資家たちが困りますよね。
もしくは、同じ会社で利益の計算方法を毎年変えていたら、その会社の業績が上がっているのか下がっているのか判断しづらい。

だから**財務会計では、書き方のルールを統一して、「比較のしやすさ」が問われる**んです。

ルールが統一されていると、比較しやすい

ルールが
統一されていないと…

ルールが
統一されていると…

A社　B社　C社

A社　B社　C社

なるほど〜。

一方で「管理会計」って「経営改善をするための分析テクニックの総称」みたいなもので、「どんな分析をするか?」「その際どんな数字を参照するか」「その数字をどんな計算式に入れるのか」とか、ぜんぶ自由なんです。**そもそも「社内向け」だから、各企業が自分たちがわかりやすいように、勝手なルールでやってOK。なんでもアリの世界**です。

もっと知りたい！

▶ 制度に従う？　従わない？
財務会計を「制度会計」（制度に従った会計）、管理会計を「非制度会計」（制度に従っていない会計）と呼ぶことも。

へぇ〜！　管理会計って、経営者のセンスがめっちゃ出そう。

めっちゃ出ます。
ちなみに社外の人は「決算書」くらいしか見るものがないですけど、その数字をもとに管理会計のテクニックを使って分析をしてもいいんですよ。プロの投資家なんかは、そういうことまでやっていますね〜。

ん……？　ってことは、**「財務会計＝データをつくる行為、もしくはデータそのもの」**で、**「管理会計＝データ分析」**みたいな関係で理解してもいいワケかぁ。関係性がわかりました！

4

POINT

ここが
ポイント！

「税務会計」は財務会計をベースにつくられている

☑ 確定申告（税務申告）などの税務会計は財務会計の派生形
☑ 会計の報告相手には、「税務署」も含まれる
☑ 税務会計の書類よりも、決算書を見たほうが経営状態がわかる

決算書のP/LとB/S ってどこかで見た気がするんだよな……。

もしかして確定申告（※個人事業主が行なう。簡易の白色申告とより複雑な青色申告があり、青色のほうが税金が有利になる）ですか？

あっ、それです！　節税になるって聞いたんで青色にしたんだった。

それなら毎年P/LとB/Sは提出しているはずです。正確には「所得税青色申告決算書」と言います。会計ソフトが自動的につくってくれますけどね。

じゃあこんな私でも「財務会計」はしているワケやな……（￣▽￣）
ん？　「財務会計」＝「外向けの説明」ですよね？　私、投資家や銀行のお世話にはなっていないんですけど……。

この場合は「外＝税務署向けの報告」をしています。ここも基礎知識として知っておきたいんですけど、「投資家や銀行向けの報告」と「税務署向けの報告」はちょっとだけフォーマットが違います。
税務署向けの会計のことを、「税務会計」って言うんです。

「財務会計」のなかに「税務会計」がある感じ？

はい。分けて分類する専門家もいますけど、税務会計は財務会計の派生形で、「珍種」だと思ったほうがわかりやすいと思います。社外向けの報告という意味では同じカテゴリなんですけどね〜。

ちょ、珍種て！　「ザイム」と「ゼイム」……なんかコンビ名みたいに似ているんですけど、何が違うんですか？

いずれもベースとするのは財務諸表です。ただ、税務署に申告するときは財務諸表の1部の数字を「税務調整」というカタチで加工するんですよ。くわしくはPART2でふれますが、「正規の財務諸表のほうが、会社の経営状態が正確にわかる」と言えます。

へぇぇぇぇ、ぜんぜん知らなかった！

知らない方のほうが多いんじゃないですかね〜。

「税務会計」は「財務会計」の派生形

財務会計　　　　　　　　　　　　税務会計

多くは同じだが、
税務特有の部分もアリ！

会計ってなんですか？
ザックリ！　会計の「全体像」をつかむ！

Column

1

大航海時代と
株式会社の幕開け

　ここでちょっと「会計の歴史」のことを話しましょう。
「財務会計は社外向けの報告が目的」だと説明しましたけど、会計の概念が生まれたのは、500年ほど前のヨーロッパです。

　じつは、最初のきっかけは学校の歴史でも学ぶ「大航海」なんです。
　ヨーロッパの国々が航海したことに伴い、東方貿易（インドとの貿易）がさかんになりました。

　もともとヨーロッパは地中海沿岸の商人を介して東方と交易をしていたんですけど、オスマン帝国が中東を支配したことで、それができなくなったんです。
　そこで東方と「直接」貿易をする必要が出てきた。アフリカ大陸をぐるっと回る大仕事、まさに「大航海」ですね。

　その貿易の実務をになったのがオランダの「東インド会社」。これがなんと！世界初の「株式会社」なんです。

　株式会社の仕組みをかんたんに説明しますね。
　会社を所有する権利、つまり「儲けを山分けする権利」を「株」というかたちで分割して売り出し、それを投資家が買う。
　そうすることで、従来の家族経営的な会社では集めることができないスケールの大金を、一気に集めることができるんです。

　というか、「ビジネスをするうえで、ものすごい大金を集める必要が出てきたから、株式会社という仕組みが生まれた」と言ったほうが正確かもしれません。
　100%自前でやろうとすると初期投資がハンパじゃない額だし、肝心の船が遭難したときのリスクがデカい。

当時、インド貿易はめっちゃ儲かるビジネスだった。小口で、その商売に乗っかれるなら、あやかりたいじゃないですか。

　これ、「会社」を理解するうえで超重要なポイントで、「株式会社は儲けが分散されるんだけれども、リスクも分散される」んですよ。
（オーナー社長が自社の株をほとんど持っている場合は別です）

　それだけデカいお金が動くビジネスなので、お金を出した株主からすれば「東インド会社の社員、きちんと商売をしているんだろうか？　儲けたお金で現地で豪遊していたりするんじゃ……ちゃんと利益を分けてくれるのかなぁ……」と心配になってくる。

　そこで生まれたのが「決算書」。
「財務諸表」のことです。
　会社のお金の出入りを、どんな人が見ても理解でき、納得がいくように、決められたルールに基づいて記録し、報告する。
　そのときも、「今回はがんばって黒胡椒と絹をたくさん仕入れてきました！」みたいな作文ベースの報告ではなく、すべて「お金の単位に換算して、数字で報告」する。

　以上、これが「財務諸表の生い立ち」でした！

「会計×歴史」コラム

簿記のルーツは ヴェネチアにあり!

「簿記」の発祥は、イタリアにある水の都「ヴェネチア」。

　会社の数字を記録するときの世界標準のルールに「複式簿記」がありますが、コレ、実はルネッサンス期のヴェネチア商人たちがすでに使っていました。

　この方法をヨーロッパ全土に広めたのが、イタリア人のルカ・パチョーリという天才数学者。若いときに会計の勉強をしていた彼は、1494年に『スムマ』という超分厚い数学の本のなかで「複式簿記」についてふれました。それが印刷技術のおかげで大量に刷られ、ヨーロッパ中に広まります。

　ただ、パチョーリって「近代会計学の父」ってよく言われるんですけど、パチョーリが複式簿記を考えたワケじゃないんです。本にして広めただけ。

　このパチョーリ、イタリアの資産家一族メディチ家にも複式簿記を教えたことでも有名です。メディチ家は銀行家として一時期とんでもない財を成して、王様みたいにもなったんですけど、一族がヨーロッパ各地に支店を広げることができたのは「複式簿記の仕組みを導入していたおかげ」と言われています。

　パチョーリはメディチ家のパトロンだったレオナルド・ダ・ヴィンチにも数学を教えていて、その影響でダビンチは遠近法というものを知ります。だからパチョーリが「最後の晩餐」の生みの親の1人とも言えるんです。

　そんな感じで、社外用の資料をつくるための「簿記」はずいぶん前から活用されてきたんですが、社内向けの管理会計が生まれたのはずっとあとで、「大量生産」で工業革命の起きた19世紀のアメリカ。ビジネスが大規模化・複雑化されて、管理の必要が出てきたんですね。

SECTION

5

家計と会計のちがい①
単式簿記VS複式簿記

POINT
ここが
ポイント！

☐ お金の出入りだけを記録するのが「単式簿記」
☐ 経済取引の「原因と結果」をセットで記録するのが「複式簿記」

では会計の全体像をさらにつかんでもらうために、企業で使う会計を、家でつける家計簿との対比で説明したいと思います。

さっそくですけど、家で20万円のパソコンを買いました。これ家計簿に書くとしたら、どう書きます？

「－20万円」の横に、「パソコン代」ってメモするかなぁ。

そうですね。家計簿をつける主な目的って、支出のバランスが悪いところを見つけることですから、こういう記録の仕方で十分です。で、実はこういう帳簿のつけ方のことを「単式簿記」と言います。

さっきパチョーリさんの話で「複式簿記」って出てきましたね。
なにが「単」で、なにが「複」なんですか？　競馬の単勝、複勝なら知ってるんですけど（笑）。

専門用語で「勘定科目」というものです。
帳簿で数字を管理するときのラベルの数が「ひとつ（単数）」か「たくさん（複数）」か、で分けていると思ってください。
家計簿に「パソコン代として、20万円使った」と記録したときの勘定科目って、ラベルの数は「現金ひとつ」だけ、つまり「単式」なんです。

PART

1
2
3
4
5

会計ってなんですか？ ザックリ! 会計の「全体像」をつかむ!

へっ？？？ 「パソコン代」ってメモしたので、「20万円」と「パソコン代」の2つでは？

 月の終わりにお金の収支を計算したら、「なにを買ったか？」ってメモって用済みですよね？　わざわざパソコン代とか卵代とか洗剤代とか、「なにを買ったか？」のリストをつくります？

 # 1000%つくりません！！！

 でしょ？（笑）
だから家計の場合、基本的には「給料で30万円増えた」だとか「手持ちの現金が20万円減りました」という **「お金の出入り」** の記録をつけるだけ。

〈単式簿記〉

パソコン	20万円

現金が減った！ ←

現金の出入り
という
「1つの事象」しか
見ない。

ただ、こういう単式簿記は「現金でなにかを買った」時点で、「買ったもの」が帳簿上から見えなくなる……という欠点があるんです。

 たしかに、家計だと、「今月はどのくらい使ったか？」って管理がメインですね〜。

 一方でヴェネチア商人たちが考えた **「複式簿記」** は、**「パソコンを20万円で買った」** という事実を、**「現金が20万円減った」** と **「資産が20万円増えた」** という2通りの表現で帳簿に記録するんです。

〈複式簿記〉

パソコン 20万円	現金 20万円

資産（パソコン）
が増えた！

現金が減った！

資産（パソコン）と現金、「2つの事象」として見る。

どんな取引でも、「因と果」をセットにして記録するというのが、「複式簿記」の基本的な考え方。

「お金を使った」だけじゃなく、お金を使って「増えたもの」にも着目するんだ！

そうなんです。パソコンの場合、「資産が20万円増えた」というのが「原因」。それで「現金20万円減った（使った）」。これが「結果」です。

ふ〜ん。でも、なんでそんな面倒なことをするんですか？

会社の置かれている状況が、より正確にとらえやすくなるからです。複式簿記にすることで、「現金の出入り」だけじゃなく、会社が持っている現金以外の財産、もしくは借金まで集計できるようになるので。

借金も？？？

そうです。会計ってそもそも「外の人への報告」の目的でつくっているワケですが、その報告の元データは帳簿だけなんです。
なのに、その情報が帳簿になかったら？　借金がいくら残っているのか、外の人には見えないですよね。

なるほど〜。株主なら「現金以外にどのくらいの財産があるのか？　借金はあるのか？」って知りたいですもんね。
……あ、いいこと思いつきました！　借金をするときは別途、「借金が10万円増えた」って帳簿に書いちゃえばいいじゃないですか！

それが「複式簿記」です（笑）。こんな感じに書きます。

現金 10万円	借入金 10万円

うぐぅ……（赤面）。

SECTION

6

POINT

ここが
ポイント！

家計と会計のちがい②
現金主義VS発生主義

☑ 実際にお金が動いた日に記録するのが「現金主義」
☑ 実際にお金が動いていなくても、経済取引が発生したときに
　記録するのが「発生主義」

 家計と会計の大きな違いが実はもうひとつあります。それが「現金主義」と「発生主義」。
かならずしもイコールではないんですけど、ざっくり「**単式簿記は現金主義**」で、「**複式簿記は発生主義**」だと思ってもらってOKです。

 ううう、むずかしい言葉が続きますね……。

 新しい言葉ですけど、内容はぜんぜんむずかしくありません。
たとえば原稿を書き終えて、出版社に10万円の請求書を出したとします。入金されるのって数カ月後だったりしませんか？

 「翌々々月払いで」とか言われると、すげー困ります（泣）。

 リアルな悩みですね（笑）。
もし「現金主義」の会計処理だと、帳簿に記入するのは「銀行口座に10万円の入金が確認できた日」なんですよ。つまり、**現金が実際に動いた事実**だけを淡々と記録する。だから「現金主義」と言います。めっちゃシンプル。

一方の「発生主義」だと、**経済的な取引が発生したタイミング**、つまり請求書を出した時点でも帳簿に記録するし、入金があった時点でも記

録するんです。

発生主義の場合は、こんな感じにそれぞれ複式で記入します。

> **10万円の請求書を出したとき**
> 売掛金10万円　と　売上10万円
> （=売上が10万円増えた対価として、売掛金が10万円増えた）
>
> **10万円が入金されたとき**
> 現金　10万円　と　売掛金10万円
> （=現金が10万円増えた結果、売掛金10万円が減った）

ここの「売掛金」とは、「もらえる予定のお金」、つまり「支払いを受ける権利」のことですけど、これについてはPART2で改めて説明しますね。

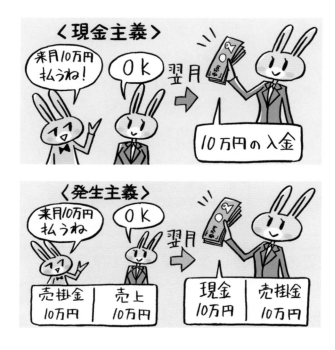

 発生主義にすると、なにかトクすることがあるんですか？

 複式簿記と同じで、発生主義だと「会社の儲け具合がより正確に記録できる」んです♪

会計ってなんですか？　ザックリ！　会計の「全体像」をつかむ！

SECTION

7

POINT

ここが
ポイント！

鉄道事業から生まれた 「減価償却」の概念

☑ 減価償却とは「経費の分割計上」
☑ 減価償却の概念は鉄道事業から生まれた
☑ 経費を減価償却することでリアルな経営状態がわかる

あと、「減価償却（げんかしょうきゃく）」という考え方も発生主義なんです。「減価償却」って聞いたことありません？

以前、買ったパソコンを経費（※業務で必要な費用）として会計ソフトに入力しようとしたら、「固定資産」って勝手に分類されて、そのゲンカショーキャクがされてました。「勝手にヘンな処理するなよ！」って思いましたが。

おお、高めのパソコンを買ったんですね！　少なくとも、10万円以上の備品は「固定資産」扱いになるので、会計ソフトが「コレは固定資産やな」と判断して、処理したんでしょう。
で、「減価償却」ってなにかというと「経費の分割計上」なんですよ。

経費のブンカツケージョー？？？

はい。一括じゃなくて分割。減価償却をしないとパソコンを買った年の確定申告でパソコン代を「一括で計算」するんですけど、減価償却の適用がなされるとそれができない。何年かにわたってその経費を分割して計算するんです。

え〜っ？　高い買い物をしたから、てっきりその年の所得税が安くなるかと……。ソンじゃないですか〜。

結局、あとの年に経費として計上できるので、ソンとも言えないんですけどね。何分割するかは固定資産の種類によって「耐用年数」というものを国税庁が決めていて、パソコンは「4年」です。30万円を4等分して、毎年少しずつ経費を計上します。

 「分割払い」ならぬ、「分割計上」だと。

 パソコンを使い続けるかぎり、そのパソコンの恩恵は毎年受けますから、「毎年パソコンを使って収益を上げるなら、そのパソコン代（費用）も毎年引くことでその年の利益が正確にわかるぜ！」という発想です。

「会計×歴史」コラム

Column 3

鉄道事業から生まれた「減価償却」

　会計の世界の発生主義と減価償却という考え方は、17世紀のイギリスで鉄道会社によって導入されました。

　鉄道ビジネスを始めるには土地を買い、線路を引き、駅をつくり、機関車を買わないといけません。初期投資がハンパじゃなくかかります。その経費を初年度に一括計上したらどうなるかと言うと……大赤字です。

　その事業の2年目以降を考えてみましょう。初年度にほとんどの経費を計上しちゃったから、2年目以降って会計上はめっちゃ儲かります。かかる経費は人件費や燃料代しかないので。

　でもそれって、鉄道会社の経営状態を正確に表していますか？　ちょっとちがいますよね。1年目の大赤字の帳簿を見たら「この会社、絶対倒産するやん！」って思うだろうし、2年目の儲けだけを見たら、「なにこの会社、めっちゃ稼いどるやん！」って勘違いしますよね。

　そういう勘違いを防いで、より「経営実態に近い状態」で数字を記録しましょう、という目的で「減価償却」の考えが生まれたワケです。

8

POINT

ここが
ポイント！

簿記と会計の
ちがいって？

簿記は会計の「記録方法」だった！

....

☑ 会計が「料理全体」なら、簿記は「下ごしらえ」のイメージ

 昔、簿記3級の参考書を買ったことがあるんですよ。あのときちゃんと
勉強したら、会計の知識がそうとう身についていたんだろうな～。

 それはよくある勘違いで、**簿記と会計ってイコールじゃない**んです。

 え……っ !?（ガーン）

 料理にたとえるなら、簿記って「包丁の研ぎ方」とか「下ごしらえ」の
仕方を学ぶようなものなんです。あくまでも会計（料理）という目的を
達成するための手段でしかない。**お金の出入りを記録するときのルール
は厳密に決まっていて、記録する行為自体を「簿記」と呼びます。**
簿記は、ルールに従って「仕訳」し、正確に「記録」することが求めら
れる仕事。
簿記は、スキルとしても広く求められる汎用性の高い資格ですけど、も
し経営的なセンスも身につけたいなら、まずは「会計の世界全体」を広
く知ったほうが近道かなと思います！

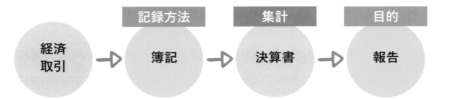

記録方法	集計	目的

経済
取引 → 簿記 → 決算書 → 報告

SECTION 9

財務とファイナンスは ややこしい!

用語の混同に気をつけよう

ここが ポイント!

- ☑ 「ザイム」と言っても資金調達の「財務」は、「管理会計」の領域
- ☑ ファイナンス理論は「企業の財務」と「投資(インベストメント)」の2種類がある

 あと、会計用語でまぎらわしいのが「**財務**」なんですよ。

 「財務会計」の「ザイム」ですか?

 そうなんですけど、**会計でただ「財務」と言うときって、「資金調達」とか「資金運用」という意味合いが強いんですよ〜。**

たとえばCFOという役職は、Chief Financial Officerの略ですけど、日本語にすると「最高財務責任者」ですよね。だけど、やっていることは、「会社の資金をどう集めて、どう投資して増やすか」なので、とても広い概念なんです。

 ???　「財務」だけど、「財務会計」ではない……とんち?

まちがいやすい「2つの財務」

決算書を つくるよ!

財務 会計

会社で言うと 「経理」が 担当

「過去」の処理が多い

財務 部

お金を 調達して 運用するよ!

会社で言うと 「財務(ファイナンス)」が 担当

未来に向けての仕事が多い

そう、めっちゃわかりにくい（笑）。だって財務会計は、決算書が最終目標で、そのために帳簿をつける仕事でしたよね。

実際はCFOが経理（財務会計）も統括するんでしょうけど、Chief Accounting Officer（最高会計責任者）って日本にはほとんどいません。

すでに混乱しています……（汗）。

さらにまぎらわしいのが「財務」の英語です。CFOの例のように、財務のことを英語で「ファイナンス」って言いますけど、ファイナンスには「金融」という意味もある。たとえば「フィンテック」って「Finance（金融）」と「Technology（技術）」を足した言葉ですよね。

……えっと、「財務省」と「金融庁」って英語でなんて言うんですか？

財務省が「Ministry of Finance」、金融庁が「Financial Services Agency」ですかね。

わかりにくいよぉ〜、統一しろよ〜〜〜（泣）。

ホンマですよね（笑）。だから、ファイナンスという言葉を、なにげなく使うのは危険。「企業の財務」（コーポレート）のことなのか、「金融」（インベストメント）のことなのか意識したほうがいい。

たとえば、お金を集めたくて、自社に資金調達のプロが欲しいと思い、「ファイナンスに明るい人材」を募集したとします。ウォール街から数学博士みたいな金融工学のプロがやってきたら、困っちゃいますよね？

「え、銀行と交渉??　私が得意なのは計算ですが」みたいな（笑）。

そう（笑）。だから「企業の財務」のことを言いたいときは、「コーポレート・ファイナンス」って言ったほうが無難ですね。

まちがいやすい「2つのファイナンス」

お金を調達
してくるよ！

経済を
動かすよ！

財務部
（コーポレート・
ファイナンス）

金融
（ファイナンス）

ふぅん。ちなみに、この本ではファイナンスはどんな位置づけにするんですか？

財務（コーポレート・ファイナンス）は当然押さえつつ、せっかくなので金融寄りの、とくに投資（インベストメント）に関する理論もサラッと説明します。
というのも、会社で財務を担当する人も「投資家としての目線」が求められるからです。

ふ～ん。ほかの会社の株を買ったり、とかですか？

そういうケースもありますけど、**金融商品を買わないとしても「新規事業に投資する」みたいな「会社が行なう投資」の意思決定もある**ワケですよ。

なので「ファイナンス理論」については、財務と金融の超ベーシックなヤツだけをPART5でお話ししましょうね。

「財務」と
「ファイナンス」の
使い方には注意!!

SECTION

10

POINT

ここが
ポイント！

税理士と公認会計士の ちがいって？

公認会計士は大企業がお客さん

- ☑ 公認会計士の仕事は、「企業の財務諸表チェック」が中心
- ☑ 税理士の仕事は、企業や個人の「税金に関する業務」が中心
- ☑ 日本にはシェア8割の「4大監査法人」がある

ど素人な質問で恐縮なんですけど、公認会計士と税理士のちがいがわからなくて……。

公認会計士のメインの仕事は「監査(かんさ)」と言われているもので、「企業が正しく財務諸表をつくっているか」チェックする仕事。だから公認会計士の法人事務所のことを「監査法人」って言うんです。
日本だと、4つの監査法人が市場の8割くらいのシェアを握っています。

［日本の4大監査法人］

・EY新日本有限責任監査法人（アーンスト・アンド・ヤングと提携）

・有限責任あずさ監査法人（KPMGと提携）

・有限責任監査法人トーマツ（デロイト トウシュ トーマツと提携）

・PwCあらた有限責任監査法人（プライスウォーターハウスクーパースと提携）

そういえば、今まで出会った公認会計士の方って、みなさん大手監査法人出身なんですけど、いきなり独立ってできないんですか？

公認会計士って**試験に受かったあと、実務を2年経験しないと登録できないんです。**だから監査法人で実務経験を積むんです。

なるほど！　それにしても公認会計士って税理士と比べて、なぜか遠い存在なんだよなぁ……。

それは、監査法人のお客さんが、上場企業などの大きな会社に限定されるから、かも？

うわ、なんか感じ悪っ……。

いやいや（笑）。中小企業は監査を入れる必要がないんです。だから公認会計士はおのずと、上場企業を中心に相手にすることになるんですよ。

なるほど。公認会計士って、管理会計の知識で、経営陣にアドバイスをしたりするんですか？

もちろん、管理会計や経営学の勉強はしますが、監査法人にいるとひたすら監査、監査、監査！ってことが多いんですよね〜。

監査法人グループ内にもコンサルタントはいますが、管理会計の知識をめいっぱい生かしたい公認会計士は、経営コンサルティング会社に転職したり、「会計コンサルタント」といった形で独立したりすることはあります。

一方の税理士は、中小企業だけじゃなくて、個人も相手にしますよね。相続税の相談に乗ったり、フリーランスの確定申告を手伝ったり、中小企業の税務会計を請け負ったり、誰にも身近な存在です。

税理士は、お金のなかでも「税金」の専門なんですね。

基本的にはそうです。ただ、税務だけじゃなく、財務（ファイナンス）や管理会計のアドバイスをしたりする人もいます。

どっちがエライんですか？

エライというより、専門性のちがいですね。ただ、公認会計士の登録要件を満たすと税理士登録もできます。

11

IFRSで
バラバラの会計基準を
統一しよう!

- ☑ 財務諸表のつくり方のルールを「会計基準」と言う
- ☑ 会計基準は国によってバラバラ
- ☑ 日本の会計基準は「日本版GAAP」
- ☑ EUが提唱するIFRS（イファース）への統一が世界的に進んでいる

 そういえば、「IFRS」ってご存じですか?

 テロ組織の名前???

 ちゃいます。International Financial Reporting Standardsの略で、日本語では「**国際財務報告基準**」と言います。コレ、**財務諸表をつくる世界共通ルールとして、EU**（欧州連合）**が提唱しているもの**です。

 えっ?　財務会計にはすでに共通のルールがあるのでは?

 複式簿記のルールについては世界共通です。ただ、**外部報告用の財務諸表をつくるときのルールを「会計基準」って言うんですけど、会計基準は国によってマチマチ**なんです。日本は**日本版GAAP**（ガープ。ギャップとも。Generally Accepted Accounting Principles）と呼ばれる会計基準があり、アメリカにはUSGAAP（ユーエスギャップ）という基準があるんです。

 へ〜、かなり違うんですか?

 微妙に違うんです。日本国内は統一されているからトヨタとホンダの比較ってすぐにできるんですけど、親会社単体のトヨタと米テスラの比較とか、ホンダと独ダイムラーの比較とかになるとちょっと面倒くさい。

○ **IFRS**
世界共通の会計基準。

○ **日本版GAAP**
日本国内だけの会計基準。

そろそろ世界中の会計基準をIFRSで統一しようぜ！　という流れが、ここ5年くらい世界規模で一気に加速しているんです。

便利そうだけど……ルールを変えるのは、大変そうだなぁ。

はい。「民法とか刑法を統一しようぜ！」って言っているようなものなので、簡単ではないです。だって、「明日から10歳でも逮捕します。それが世界基準なので」って言われても、「おいおい、急やな！」ってなるじゃないですか。

日本では、2009年に金融庁が上場企業に対してIFRS適用を義務づけようとしたんですけど、経済界が「ふざけるな」って反発して現状では任意になっています。

ただ、すでにソフトバンクやファーストリテーリング（ユニクロ）のようなグローバル展開している大企業のいくつかはIFRSに移行していて、トヨタもようやく2021年（3月期）からIFRSを適用しています。
アメリカも反発していたんですけど、最近は譲歩しつつあります。

反発がある？　ということは、ルールが変わるとマズいことになる会社があるってことですか？

そう、一例を挙げると土地の扱い方があります。日本版GAAPだと「買ったときの価格（取得原価）」がそのまま資産の評価額として計上されるんですけど、IFRSだと「時価評価」が適用されることがあります。

会計の「全体像」をつかむ！
ザックリ！
会計ってなんですか？

？？？？？　それ、なんかマズいんですか？

　収益性のない土地はいきなり「0円」とかになるんです。するとその年、ドカンと損が出るじゃないですか。あと、バブルのときの土地値のまま計上されていたりするんで、今の価値とだいぶ違っていてヤバイ。でも日本企業の社長って基本的に雇われの身なので、必要以上に会社の数字を悪く見せたくない。

　気持ちはわかるけど……。

　そういうしがらみがいろいろあるので、**日本やアメリカが選んだのが「コンバージェンス」という方法です。**日本版GAAPやUSGAAPのルール自体を毎年少しずつIFRSに近づけていって、スムーズにIFRSに切り替えるという方法。

　ただ、そのせいで「毎年微妙〜に会計のルールが変わる」という、会計士には悪夢のようなことが起きているんです（笑）。

　## 毎年基準が変わる？　それはツライっすね……。

　それはさておき、今度の流れとしても、「世界中の上場企業が同じ会計基準に従うようになって、比較しやすくなる」ということは知っておいて損はありません。

　おおお……！「IFRSでしょ？　会計基準は世界のルールに収束していってるんだよね〜」ってドヤ顔で言いたい……!!

会社には「会計」にまつわるいろんな部署がある!

☑ 名称や役割分担は会社によってバラバラ
☑ 一般的には経理部が「財務会計」、経営企画室と財務部が「管理会計」

いやーーー。ここまでで、会計の全体像が見えた気がします。ちなみにこういう会計業務を会社で担当しているのが「経理部」ですか?

会社によってバラバラですけど、**一般的に「経理部」が担当するのは「財務会計」**ですね。領収書とか請求書とか発注書をどんどん帳簿に記録したり、口座の入金・出金をする出納という仕事をしたり。

ザ・事務。

そんな感じです。
「管理会計」を担当するのが「経営企画室」ですかね。**役員のサポート役の位置づけで経営戦略を立てたり、社内の課題を見つけたりする**のが得意な部署。
さらに、管理会計の一種ではあるけれど、**会社の予算をどう調達するかとか、あまったお金をどう運用するか**みたいなことが得意なのが「財務部」。

じゃあ経理の人って、会社全体の数字をアレコレ考えたりしないんですか?

経理部長くらいになればさすがに全体を見ますけど、そもそもの役割は単に帳簿をつける部署ですからね。

「主計部」って部署のある会社もありません？

たまにありますね。主計ってもともと税金の徴収を担っていた「主計寮」という国の機関の名前からきていて、今でも財務省には主計官とかいます。

ただ、会社の主計部になると本当にバラバラ。経理部や財務部の別称として使う会社もあれば、ひたすら原価計算をさせる会社とかもあります。

ほほぅ、そうなんだ。じゃあ、決算書って誰がつくるんですか？

そこも会社によってバラバラで、経理部でぜんぶやる会社もあるし、財務諸表を経理部がつくって、財務部や経営企画室が仕上げたりする会社もありますねー。

大企業になると**「IR（インベスターリレーションズ）部」という株主とのパイプ役を務める部署**があって、そこが決算書の文章を仕上げるケースもあります。

決算書で会社の魅力が伝われば株価が上がるワケですから、けっこう大事な作業なんですよ。

- 「**会計＝経理部**」というワケではなく、**会社によってバラバラ**。

- **決算書づくりに財務部や経営企画室、IR部が関わる会社も**。

4

猛反発のすえ、 大蔵省が財務省になった理由は 「検非違使」!?

「財務だの、ファイナンスだの、名称がややこしい！」と説明しましたが、コレ、日本経済を動かす「省庁」でも実際にあったお話なんです。

　日本では「お金・経済関連の官庁」を長らく大蔵省（Ministry of Finance）が担っていました。大蔵省という名称は、奈良時代の律令制から使われていたため、2001年1月に「財務省」「金融庁」に変わるまで、実に1300年ものあいだ親しまれていたワケですね、長い！

　お金を動かす官庁ですから、当然、大蔵省は絶大な権力をにぎっていました。大蔵省やそこに配属された官僚が「官庁のなかの官庁」「官僚のなかの官僚」と呼ばれるくらいのトップランナーぶり。そこで、あまりに強い力を分離・再編するために、大蔵省を「財政と金融の2つに分離」することになり、それぞれの業務内容にともなって「財務省」と「金融庁」に分かれたという経緯があります。

　ただし、「歴史ある大蔵省の名前を変えるなんて、なんちゅうことか！」と名称の変更には、反発する大蔵官僚から多くの反対意見が上がったと言います。これに対して、橋本龍太郎・元首相は「ふーん。じゃあ、警察庁もヘンだよね。検非違使庁を復活させるか」と切り返したとか。

「検非違使」とは昔の警察のような役割ですが、キョーレツな皮肉ですよね。お金の歴史って、面白いですね。

会計思考を身につけよう！ ❶

会計を学ぶと、
「自由な思考」が手に入る

　この本の冒頭で、会計の勉強をしていくと、「会計思考」が身につくとお話しし
ました。
　「会計思考」で身につくのが、①長期的視点、②複眼的視点、③客観的視点の3
つの視点です。

　私は大手監査法人でキャリアをスタートしましたけど、早い段階で独立を決意
したのも「会計思考」からです。
　会計思考を使って考えていくと、会社員をずっと続けていても、やることや収
入など、先が見えてしまう。
　私が人生のテーマにしている「自由」は絶対に手に入らない。
　自分のP/Lと自分のB/Sを抜本的に変えないとダメだ、と感じました。

　じゃあどうするか？　そう考えたときの結論が、「起業」でした。
　監査法人では、ひたすら他人（会社）の数字をチェックしていたワケですが、自
分自身で数字（売上）をつくりたくなったんです。
　そもそも、一度きりの人生なんだから、自分で自分の人生の主導権を握りたい
ですよね。
　会計思考ってそれ自体が価値を生むワケじゃなくて、視点が増えることで選択
肢が増えたり、選択肢を決めるときの精度が上がることがメリットなんです。

　みなさんも、自分のP/LとB/Sを棚卸ししてみながら、将来設計をしなおして
みてもいいかもしれませんね！

知識ゼロでも
サクッと！決算書を
読めるようになろう！

SECTION

1

POINT

ここが
ポイント！

P/LとB/Sは
「フローとストック」の
関係

- ☑ 財務会計＝1年間のお金の出入りを集計したもの
- ☑ 財務諸表の基本はP/LとB/S。C/Sはわりと新参者
- ☑ P/LとB/Sはフローとストックの関係にある
- ☑ P/LとB/Sはセットで見ることに価値がある

 会計の全体像はなんとなくつかんでもらえたと思いますので、今回は、会計の中心的な役割を担う「決算書」の話をしていきますね。

 財務諸表！　決算書ってヤツですね。最近、株でも始めよっかな〜と「決算書が読める！」的な本を見て、挫折したばっかりです（笑）。

 挫折させませんから、任せてください！
前回のおさらいですが、財務諸表は「財務三表」とも言って、「会社の経営成績や財務状態などを書類として見える化したもの」で、特に大事な書類がP/L、B/S、C/Sでしたね。

財務三表ってなぁに？

P/L 損益計算書(Profit and Loss Statement)
→ 会社の経営成績（儲け）がわかる

B/S 貸借対照表(Balance Sheet)
→ 会社の財政状態（会社の持ち物）がわかる

C/S キャッシュフロー計算書(Cash-flow Statement)
→ 会社の現金の出入りがわかる

(※この本ではP/L、B/S、C/Sの表記で説明します)

ちなみにC/Sは2000年以降出てきた財務諸表で、それまでは基本的に財務諸表と言ったらP/LとB/Sのことを指していたんです。

P/LとB/Sは、「フローとストックの関係」とよく言います。
経済学の用語で、お風呂にたとえると、**フロー（P/L）は1年などの間に蛇口から流れ込むお湯（収益）と、排水溝から流れ出るお湯の量（費用）」を計測したもの**。個人にたとえると、P/Lは「通帳の1年の出入金」のイメージ。

 ## フローだけに風呂。

 ……（華麗にスルー）。
ストック（B/S）は「ある時点で、お風呂に溜まっていたお湯の量」を計測したものと思ってください。あるいは「年度末の通帳残高」みたいなもの。

フロー
（収益）

フロー
（利益）

フロー
（費用）

今年のお湯
（今年の利益）

昨年のお湯
（去年までの利益合計）

ストック

ん？　じゃあ、時間軸が違うということ？

 そうとも言えますね。**P/Lは1年だったら1年間、お金がどれだけ入って出て行ったかの「流れ（線）＝フロー」を記録しますけど、B/Sは決算日の営業を終了した時点での「ピンポイント（点）＝ストック」の記録です。**

 へぇ〜。どっちが大事とかあるんですか？

 両方大事で、「食べ物と体」にもたとえられます。食べ物が「フロー」で、体が「ストック」。
病気になったら死ぬので、しいて言えば体が大事ですけど、健康を維持するためには食べ物も気をつけないといけないじゃないですか。だから**P/LとB/Sって基本的にセットで扱う**んですよ。

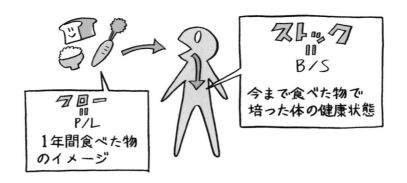

 おお、イメージしやすい！
同じ記録でも、意味がずいぶん違うんだなぁ。

 このあと、P/LとB/SにC/Sを加えた3つの財務諸表の基本的な読み方を押さえようかなと思います。今回カバーする知識だけで少なくとも決算書を見て「なにがなんだかサッパリ……」ということはなくなります。

 とうとう決算書が読めるんですね！　楽しみです♪

財務会計のキホン①
「記録」の大きな流れを 見てみよう!

☑ 記録は会計帳簿で行なう
☑ 会計帳簿には主要簿と補助簿がある
☑ 大事なのは主要簿の「仕訳帳」と「総勘定元帳」
☑ あらゆる取引は仕訳帳に記録、総勘定元帳で整理される

まず財務会計の基礎知識を知ってほしいんですけど、**財務会計のプロセスは大きく「記録」と「集計」に分けられます**。ふだんはひたすらお金のやりとりなどを「記録」して、決算のタイミングでそれらを「集計」するんですよ。

財務諸表はまさに「集計」結果なので、期末にしかつくりません。ふだんは財務諸表とは別に、「会計帳簿」(要するに「帳簿」のこと)にひたすら「記録」をしていきます。

記録していくための会計帳簿かぁ。

「会計帳簿」ってひと口に言ってもたくさん種類がありますが、大きくは「主要簿」と「補助簿」の2つに分かれます。

メインとサブってイメージですか???

あ、そうです。「主要簿」はその名の通り「メインのデータベース」みたいなもので、すべての取引は主要簿に必ず記録されます。逆に言えば、主要簿を記録していないと財務三表はつくれません。

わかりづらいでしょうから、ちょっと図で示しますね。

〈会計帳簿〉

資産	主要簿	総勘定元帳	
		仕訳帳	
	補助簿	補助記入帳	現金出納帳
			預金出納帳
			固定資産台帳
			売掛帳
			買掛帳
		補助元帳	商品有高帳
			仕入先元帳
			得意先元帳

 けっこう細かく分類するんですね〜。

 そうなんです。「補助簿」のほうは、主要簿に記録されたデータをいろいろな切り口で整理しておくためのもの。取引先ごとのお金の出入りとか、現金が手元にいくらあるか記録してあるような書類です。
補助簿があると、決算のとき集計がしやすくなるんですけど……専門的な話、聞きたいです？

 専門的すぎる話は、オールスルーで！！！

 了解です（笑）。ここで最低限覚えてほしいのは、主要簿の「仕訳帳」と「総勘定元帳」です。

 あああっ！　コイツら、会計ソフトでたまに出てくる！

 会社で起こるあらゆる取引は、まずこの「仕訳帳」に時系列で記録していきます。そのとき会計用語の「仕訳を切る」という作業をしながら記録するんですが、コレ、言ってみれば「分別作業」なんですよ。

あー……ゴミの分別みたいな？？？

イメージは微妙ですけど、その「分別」です（笑）。
経理部に毎日、会社中からあらゆるゴミが集まってくるとします。経理の人はそれらを1つひとつ見て、「2キロ分ね……これは燃えるゴミだな」とか言いながら、仕訳帳に「何月何日、ゴミA受理。重さ：2キロ。分類：燃えるゴミ」って書いていくようなイメージです。

「総勘定元帳」のほうは、「燃えるゴミとして分類されたゴミは、どれくらい溜まったか？」といった情報を整理しておく書類なんですよ。

そういう関係なんだ。入り口はあくまでも「仕訳帳」なんですね。

そういうこと！　総勘定元帳をなぜつくるのかって、決算のときに使うから。総勘定元帳にはP/LとB/Sを作るためのデータがそろっているので、そのデータを元に財務諸表がつくられます。

実際には「試算表」という書類にいったん落とし込んでから財務諸表にするんですけど、細かい話はPART3で説明するので、ざっくりこんな感じで押さえておいてくださいね。

決算書ができるまでのステップ

1 「仕訳帳」に記録
↓
2 「総勘定元帳」でデータを整理
↓
3 「試算表」をつくる
↓
4 「財務諸表（決算書）」をつくる
　　（P／L，B／Sなど）

なるほどねぇ。財務会計で行なう「記録」のだいたいの流れがわかりました！

SECTION

3

POINT

ここが
ポイント！

財務会計のキホン②

「決算書」にもいろんな
カタチがある!

☑ 会社法が定める「計算書類」は、P/LとB/Sのみ（C/Sは不要）
☑ 金融商品取引法が定める「有価証券報告書」「四半期財務
　諸表」
☑ 証券取引所の規則が定める「決算短信」

最近、小金ほしさに株を始めて、企業の決算書を見たりするんですけ
ど……企業の決算が発表されるときって「財務諸表」じゃなくて、「短
信」（※証券取引所の要請に応じて開示するもの）って書いてあったりしませ
んか？

混乱しますよね。「短信」もある期間の集計データです。先ほど「決算
のタイミングでデータを集計する」と言いましたが、実は提出先によっ
ていろんなフォーマットがあるんです。

「見せる相手」によってカタチを変えるんだ!

そう。1つは会社法が定める「計算書類」という財務諸表で、大企業
も中小企業も税務署や金融機関などに提出しないといけません。

ずいぶんあっさりした名前ですね。

中身もあっさりしていて、会計関連の書類としてはB/SとP/Lを1期分
（当期分）出すだけ。C/Sは必要ありません。

ふーん。

厄介なのが上場企業です。上場企業になると「金融商品取引法」にも従わなくてはいけないので、計算書類とは別に財務諸表をつくらないといけません。その財務諸表のことを「有価証券報告書」と言います。「有報」って省略することが多いですけど。

 ユーホー……UFO！　とか言って、知らないことをごまかします。

 ええと、「有報」は決算日から3か月以内につくり、エディネットというデータベースにアップロードして、世界に向けて開示しないといけません。この有報ではP/L、B/S、C/Sが全部必要ですし、こちらは2期分出さないといけません。大企業ならではのルールです。

 大企業も大変ですねぇ。それで、短信のほうは？？？

 アレ、正式には「決算短信」と呼びます。「有報の速報値」みたいなものですね。なぜ出すのかと言うと、「投資家や債権者を3か月も待たせるのは悪いから、決算日から1、2か月の間に簡易版をつくって情報開示してね！」と証券取引所が上場企業に対して要請しているんです。

 あ〜、証券取引所の要請なんだ。

 はい。規則として明記してあるんですよね。

なんだろう……めっちゃ効率が悪い気がする……気のせい？

 気のせいじゃありません。縦割りそのものです（笑）。

だって短信って「速報」というわりには、決算書と1か月くらいしか違わない中途半端な存在じゃないですか。上場企業からすればやっぱり、「有報」に全力を注ぎたい。

 ずいぶんムダなこと、しているんですねぇ。

ただ、決算短信が出た段階でマスコミも飛びついて株価が一気に動くから、完全に手を抜くワケにもいかない……ってジレンマが企業側にもある。

 たしかに短信を見て株を買ったり売ったりしたら、1か月後に有報が出てきても見ないかも……。全力注いでくれたのに、悪いけど。

 実際そういう人多いんですよね～（笑）。

 やっぱり……。

 あと上場企業の場合、これ以外に四半期ごとに財務諸表を開示しないといけないルールもあって。これを「四半期報告書」と言います。
さらにこの四半期財務諸表に関しても、決算短信を出せと証券取引所は要請しているんです。

 ということは……上場企業は「計算書類」と「有価証券報告書」と「四半期報告書」と「決算短信」をつくらないといけないってこと？

 そうなんです。報告すること、めっっっっっちゃ多い（笑）。書類に問題がないかをチェックするのが会計士の仕事なので、特に春先なんかはてんやわんやですよ。しかも、毎年ルールが変わったりするし。

 ま、まさか……ほかにも集計作業って、ある……ワケないですよね？

 あります（笑）。法人税を計算します。ただコレ、会社法でつくった計算書類をもとに税金の計算をするだけです。

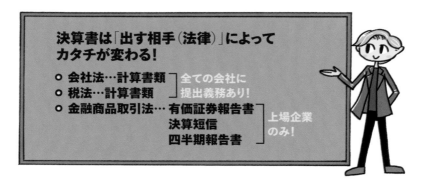

SECTION

4

POINT

ここが
ポイント！

財務会計のキホン③
会計の大前提となる
3つの「公準」

☑ 大前提1　会社のお金は事業以外に使っちゃダメ!
☑ 大前提2　事業は続くよ、どこまでも。
☑ 大前提3　数字で表せないものは財務諸表に入れないで!

財務諸表の説明をする前に、会計の世界に存在する「会計公準」とい（かいけいこうじゅん）う超重要な3つのルールの話をさせてください。

コウジュン？　聞きなれない言葉ですね。健康サプリみたい。

会計基準が「法律（ルール）」とすると、この会計公準は「憲法」みたいなもの。有無を言わさず守る「前提」ですね。

ああ、親のしつけとか。「ダメなもんはダメなの！」っていう（笑）。

それ、それ。実際にはいろいろあるんですけど、特に大事なのが「企業実体の公準」「継続企業の公準」「貨幣的評価の公準」の3つです。

ええ〜、むずかしい言葉ばっかり……（逃げ腰）。

大丈夫です！　「企業実体の公準」は、**「会社のお金は事業以外のことに使ってはいけない」**決まりで、「創業したエライさんでも、会社のお金＝自分のお金ではないので勘違いしないでね〜」ってことです。

100億円持ち出して、カジノで豪遊しちゃダメってことですね。

某製紙会社じゃないですか（笑）。具体例ヤメテ。
上場企業だけでなく、100％お金を出している企業（オーナー企業）であってもNG。どうしても会社のお金を使いたい場合は、「会社から社長に貸しつけを行なう」という形で処理しないとダメなんです。

「会社のお金はあくまで会社のもの」なのか〜。

2つ目の「継続企業の公準」は、**「会社はずっと継続していく前提なので、人為的に一定期間で区切って、決算書をつくる」**という約束。「ゴーイング・コンサーン」と呼びます。
「減価償却」は何年かにわたって償却するって説明しましたけど、それはこの約束があるから適用されるワケです。

結婚の誓いみたい。「とにかくがんばります」としか言えん……。

3つ目の「貨幣的評価の公準」は、「社員のがんばりとか、工場が片付いていてキレイ！とか、貨幣価値に置き換えられないものは、財務諸表には入れないでね」というルールです。

「目に見えない部分」って、売上に貢献しそうだけどなぁ。

そうなんです！　ただ、**「主観的なものさしではなく、あくまでも客観的に評価できるもので財務諸表をつくる」**のがキホン。そうでないと、会社同士の比較が正確にできませんからね〜。

会計のお約束！　3つの公準

1　企業実体の公準……会社のお金をプライベートで使ってはいけない、というルール。

2　継続企業の公準……会社は永続していく前提なので、一定期間ごとに決算書をつくるルール。「ゴーイング・コンサーン」とも言う。

3　貨幣的評価の公準……「貨幣価値に置き換えられないものは、財務諸表に計上しない」ルール。

SECTION

5

POINT

ここが
ポイント！

P/L「損益計算書」①
「5つの利益」を知ろう！

☑ 「利益」には、5種類ある
☑ 本業の儲けをあらわすのが「営業利益」
☑ 会社が黒字か赤字かは「税引後当期純利益」で判断される

 いよいよ財務三表にいきましょう！　まずP/L（損益計算書）から。P/Lとはその会社の1年間の成績表です。「どれだけ儲けが出たか？」もしくは「どれだけ損をしたか？」がひと目でわかっちゃいます。

 シンプルですね。ド文系の私でもイメージしやすいな。

 感覚としては、家計簿に近いですからね。「今年のトータルの売上高はいくら？」「そこから費用を引いたらいくら残った？」という話。
P/Lを理解するうえでの最大のポイントは、「5つの利益」です。

5つの利益って？

① 売上総利益（粗利）　　売上高 － 売上原価

② 営業利益　　　　　　売上総利益（①） － 販売費および
　　　　　　　　　　　一般管理費（販管費）

③ 経常利益　　　　　　営業利益（②） ± 営業外収益・費用

④ 税引前当期純利益　　経常利益（③） ± 特別利益・損失

⑤ 税引後当期純利益　　税引前当期純利益（④） － 法人税等

5つの利益の一番上に「売上高」がきて、かかったお金（経費）をいろいろ引いた「利益」が出ます。P/L上でもこの順番に書いています。
全体像を示したほうがわかりやすいかな？　こんな感じです。

「5つの利益」の全体像

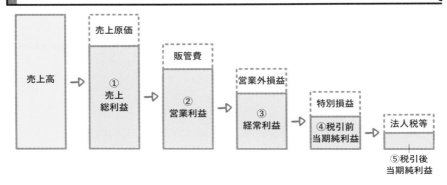

「なんとかリエキ」っていうのが多すぎる～！！！

 まあまあ（笑）。覚え方はこのあと説明するので、とりあえず5つの利益をざっと解説しましょう。

まず①の**売上総利益**は、世間的には「粗利」という呼び方がメジャーかもしれません。**売上高から「売上原価」を引いたもの**です。
たとえば80円でバナナを仕入れて（80円が売上原価）、100円で売ったら、粗利は20円ってことですね。

 「売上原価」ってなんですか？

 売上をあげるにあたって、かならずかかってくる「直接的な費用」だと思ってください。たとえば、スーパーでバナナ1本を売るには、バナナ1本をかならず仕入れないといけませんね。

でも「スタッフの給料」「店舗の賃料」「広告宣伝費」なんかは1対1の取引だけじゃなくて、全体の取引にかかります。うすーく、ひろーく。

そういう間接的な費用のことは「販売費および一般管理費（販管費）」って言ったり、「SGA：Selling,Generally and Administrative expenses」って言ったりします。
こんなものが含まれます。

「販売費および一般管理費」に含まれる主な費用

費用	販売費および一般管理費	給料手当、役員報酬、賞与、退職金、法定福利費、福利厚生費、通信費、荷造運賃、水道光熱費、旅費交通費、広告宣伝費、交際費、会議費、消耗品費、事務用品費、備品消耗品費、新聞図書費、修繕費、地代家賃、車両費、保険料、租税公課、議会費、支払手数料、減価償却費、寄附金、雑費

> 「粗利」からこの「販管費」を引くと、「営業利益」がわかる！

 粗利から上の販管費を引いたものを②「営業利益」と言います。
ざっくり言うと、「**営業利益＝本業の儲け**」のことなんですよ。粗利がいくら高くても広告費をかけたり、スタッフをたくさん雇っていたら本業の儲けは少なくなっちゃいますよね？

売上原価と販管費を足したトータルで見たときにちゃんと利益が出ているか。それがチェックできるのが「営業利益」なんです。
（※ちなみに営業利益がマイナスのことを、「営業赤字」や「営業損失」と言う）

「本業で儲かっているか？」は「営業利益」でわかる！

$$営業利益 = 本業の利益$$

ここから少し細かい話になっていくんですけど、③の「経常利益」は、②の営業利益に「営業外収益」を足したり、「営業外費用」（P/Lの「営業外損益」のこと）を引いたものです。

またしても、専門用語がたくさん出てきたな……（汗）。

要するに、「本業以外で得たり払ったお金」ってことです。
たとえば会社で持っている株の売買で得したら「営業外収益」だし、銀行からの借金に支払う利息は「営業外費用」になります。本業以外なので、自然とファイナンスっぽい項目になりますね。

説明聞くと、そこまでむずかしくないですね（ホッ）。そのあとの利益が「ケイジョウ」？？？

プロは「ケイツネ」って呼びます。「日本電産のケイツネ見た？」とか言ったら、ちょっとイケてるビジネスパーソンっぽく見えます（笑）。

「ケイツネ」！ 使ってみよっと♪

次が④の「税引前当期純利益」で、これは経常利益から「特別利益」を足したり、「特別損失」を引いたりしたもの（P/Lの「特別損益」のこと）です。
税引前って書いてあることから想像できるように、この「税引前当期純利益」に対しては税金（法人税）がかかります。

「特別利益・特別損失」って、何が特別なんですか？

P/L
（損益計算書）

| 売上高 売上原価 |
| 1 売上総利益 |
| SGA（販管費） |
| 2 営業利益 |
| 営業外収益 営業外費用 |
| 3 経常利益 |
| 特別利益 特別損失 |
| 4 税引前 当期純利益 |
| 法人税等 |
| 5 税引後 当期純利益 |

「毎年起こるようなことじゃない」という意味ですね。実務上は「臨時かつ巨額」と言われています。

わかりやすいのが天災。地震とか新型コロナとか予期せぬ事態によって被った損失が「特別損失」です。あとは最近、自社ビルを売る企業がニュースになりますけど、それで得たお金が「特別利益」。固定資産って毎年売り買いする前提じゃないので。

「めったに起こらない」という意味の「特別」！

それ以外だと、長期保有する前提で持っていた株の価値がドーンと下がったりしたら、特別損失で計上することがありますね。売買目的で買っていた株に関しては先ほどの営業外費用で計上するんですけど、「自分たちが大株主だった会社が倒産した」みたいなことになると、「特別損失」になります。

ひぇ〜。じゃあ、「想像をはるかに上回ったイレギュラー系は、全部ここに突っ込め！」という類のお金なんですね。

そうです。

で、最後は⑤の「税引後当期純利益」。これはわかりやすくて、税金（法人税等）を支払ったあとに最終的に手元に残る「最後の最後の利益」のことです。

決算発表のときは「当期純利益」とか、単に「純利益」って言葉がよく使われますけど、「税引前」という言葉がついていないときはコレ（⑤税引後）のことだと思ってください。

この純利益がマイナスだったら、
「その期、その会社は赤字だった」
ということ。その場合は「純損失」
と言うので、お忘れなく。

ケイッネ！

ここが
ポイント！

P/L「損益計算書」②
ビジネスにとっての「優先順位」が読み解くヒントになる！

☑ **P/Lは「会社の存続にとって大事な順番」で書かれている**
☑ **お客さんが一番、税金は最後**

「5つの利益」をざっと解説しましたが、P/Lを読み解くにはちょっとしたコツがあります。上から読むのが基本なんですけど、このとき「**会社を運営するにあたって大事な順番**」で並んでいるとわかるんですよ。

えっ……そうなんですか？　優先順位みたいなもの？

一番上にくるのは「売上高」ですね。**どんな商売を考えても会社存続のために必要なのは「お客さん」であり、そのお客さんからお金を集めること**じゃないですか。

あ、たしかに。

次に優先すべきものは、売上をつくるための商品を準備すること。そのためには仕入れ先から商品や材料を仕入れないといけません。だから会社の永続のために**2番目に大事な要素は「仕入れ先」**なんです。

で、3番目に大事なのが本業を成立させるために必要な「自社のコスト」。これが、人件費・家賃・広告宣伝費（販管費）なワケです。

自社のコストより、仕入れ先が上位なのが面白いですね。

こっちのほうが「商売の本質」を
つかみやすいんです。

たとえばある八百屋さんが赤字
になったとします。
でも赤字になったからと言って、
売る物がないと商売は続けられ
ないので、農家さんからの仕入
れは必要。

そのとき、ビジネスを存続させる
ためにはどうしたらいいでしょ
う?
従業員を解雇して社長1人で切り
盛りすることかもしれないし、店
舗を解約して軽トラで移動販売
をするみたいなこともありうる
ワケですね。
「商売の存続」を考えると、キホ
ンは「自社よりも仕入れ先」な
んです。

P/L の順番
お客さん（売上高）
仕入れ先 自社のコスト
本業以外の お金
イレギュラーな お金
国（税金）

好きだー！

大事だね

まあ 払い増よ…

そっか。そんなふうに考えたことなかったな〜。

面白いですよね。あとの順番もわかりやすくて、**4番目は「営業外収益・
費用」**ですから「**本業以外のお金の出入り**」。
5番目は「特別利益・損失」なので「**イレギュラーなお金の出入り**」。
そして**一番最後は……「税金」。**
税金は、日本を使わせてもらったお礼なんです。

めっちゃ腑に落ちた〜！「客が一番！ 税金が最後！」(笑)。

「会社の存続」というストーリー仕立てで考えると、わかりやすいです
よね！

SECTION

7

P O I N T

ここが
ポイント！

P/L「損益計算書」③
「売上に対する利益」は業種によってバラバラ

☐ 売上は、原価と粗利を足したもの
☐ 平均的な粗利率は業種によって異なる

粗利（売上総利益）の説明があったんですけど、ライターって売上原価がほとんどかからないんですよ。コレって、いいことなんですか？

売上に対する粗利の割合のことを「粗利率」**って言うんですけど、**粗利率はあまりいいとか悪いとかは表現しませんね。
基本的に「サービス業」は仕入れる「モノ」がないから粗利率が高め。
ちなみに「粗利率」の裏返しが「原価率」で、両者を足したら常に100％になります。「粗利率が高い＝原価率が低い」という関係が成り立ちます。

粗利率と原価率の関係

粗利率＋原価率＝100％
つまり……
粗利率＝100％ － 原価率
原価率＝100％ － 粗利率

ほぉ～。コレって、業界によってだいぶ変わるんですか？

はい。一般的に言われるのが、美容室とかホテルみたいなサービス業の粗利率は8割～9割。飲食だと7割くらい。よく「飲食の原価率は3割くらい」って言いますよね？　だから、粗利率は7割ほど。

製造業（メーカー）とか建築業は5割くらいですね。小売業は3割くらいで、一番粗利率が低いのは卸売の1.5割かな。こんな感じです。

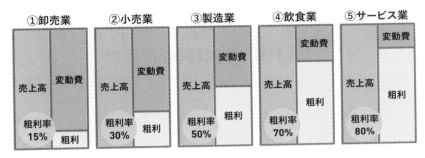

 1.5割かぁ。ずいぶん低いですね。

 自分たちで商品をつくったりサービスを提供したりするワケではなく、ひたすら商品を横流しするビジネスですからね。
商品の価値を「モノの価値」と「付加価値」に分解すると、卸売って「モノの価値」がメインで、「付加価値」が介入する隙がほとんどないんです。

 じゃあ「粗利率が高い＝いい会社」とか、「原価率が低い＝いいビジネス」とか、そういうことではないワケですね？

 もちろん同業他社との比較や、自社の利益を少しでも増やすために原価率にメスを入れることはあるので、粗利を知っておくことは大事。ただ、**「粗利」は、P/Lを見るときに真っ先に見るような項目ではなく、販管費も含めたトータルで「営業利益」を見るほうが重要です。**

> もっと
> 知りたい！

● 売上原価に人件費は入れるの？

ビジネスの形態によって異なります。たとえば情報システムを売る会社の場合、顧客の会社にSEやプログラマーを送り込んだら、そのSEやプログラマーの「人件費＝売上原価」になります。でも、営業や本社の経理の「人件費＝販管費」扱いです。人件費を原価に入れる場合のポイントは、あくまでも「直接関わるコスト」ということなんですね。

会計思考を身につけよう！ ❷

「資格」は人生に有利!?
時と場合によるかもよ……というお話

　社会情勢のあおりを受けてか、資格試験を受ける人が増えているようです。私もよく YouTube で「会計士って、つぶしのきく資格ですか？」「人生に有利な資格ってありますか？」と聞かれることがあります。

　答えとしては、「その人の状況によって、役に立つ資格、まったく意味のない資格がある」です。

　そもそも、資格と言っても、国家資格から民間の「？？？」という資格まで、「難易度」も「就職への有利さ」もさまざまです。
「フラワーアレンジメント」から「食生活アドバイザー」まで、なんでもかんでも「資格さえ持っておけば安心！」と履歴書に資格があふれんばかりの方もいらっしゃるんですが、正直、「それでお金になるのか？」は一概には言えません。

　たとえば、ビジネス界隈では一時期、外資系企業へのあこがれからか「TOEIC」の人気が高かったことがありました。たしかに、TOIEC はビジネス英語のレベルを問う資格なので、「ワンランク上の会社員として評価されたい！」「海外駐在員として評価されたい！」という方には向いているかもしれません。

　ただ……どこの会社でも必要な、超汎用性の高い資格かと言われれば、疑問が残ります。TOEIC の点数と実際のビジネスでの英語スキルは別の面もありますので、「行きたい企業による資格」という気がします。

　それに比べると、私の持つ「公認会計士」はじめ、「税理士」「簿記」などは、会計・経営・経済・税金などの「お金の資格」なので、経済社会が続くかぎり必要とされる「つぶしのきく知識」ではないかと思っています。さらに会計士は学歴がまったく問われず、試験さえ受かればなれてしまう、ある意味フェアな資格。経営や儲けの勉強にもなるので、持っておいてソンはありませんよ。

SECTION

8

POINT

B/S「貸借対照表」①
企業の「体質」が 見えるバランスシート

☑ 企業の保有する資産と、調達元がわかる
☑ 左は「資産」、右は「負債」と「純資産」
☑ 左右は絶対に同額になる

次は「**B/S（貸借対照表）**」を見てみましょう。企業って毎日いろんな活動をしていて、お金が出たり入ったりしているワケですけど、B/Sってそういう活動を「一時停止」した時点での「財政状況」をひと目で把握できるように整理した書類なんですね。

では財政状況とは何かというと、まず「**その会社が持っている資産の総額と、ざっくりとした内訳**」がわかります。これがB/Sの左側の「資産の部」にあたります。
この種類をあらわすのが「**勘定科目**」なんですが、「現金」とか「商品」とか「建物」とかいろいろあります。

ふんふん。

ではB/Sの右側は何かというと、「**その資産の元となったお金をどう調達したのか？**」という情報が記載されています。借りたり、自分のものだったり。で、他人から借りて返済が必要なものは「負債の部」に、自分たちで用意して返済が不要なものは「純資産の部」に分けて書かれているんです。

なるほど。けっこうシンプルですね。

B/Sを理解するうえで一番重要なポイントは、**B/Sの左側の合計と右側の合計は、常に同じ額になるということ。**「資産」のトータルが10億円なら、「負債」と「純資産」を足した額も絶対に10億円になっています。**常にバランスが取れているからこそ「バランスシート」と言うんです。**

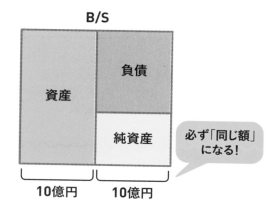

 まぁまぁ、ちょっとくらいの誤差はいいじゃないですか〜。

 あきまへん！！！　1円でもズレていたら、それはB/Sとちゃいます！　厳格にやるのが会計の世界なんです。

 お、おう。了解です……（汗）。そもそもB/Sの存在意義ってなんですか？　小売で働いている知人が「決算前の棚卸しが超大変」とボヤいていたんですけど、資産の棚卸しをすることですか？

 それも大きな理由です。在庫を正確に把握しないと財務状況が正しく把握できませんからね。
もっと広い意味で言うと**B/Sって「健康診断」に近い。会社のいろんな数字が可視化されることで、その会社の「体質」が見えてくる**んです。

 体質？？？　カラダのクセみたいな？

 そうです。「メタボ体質」「高血圧の体質」みたいに、会社も「借金体質」「赤字体質」「固定資産が重荷になっていそう」といった生活習慣みたいなものが「数字」ではっきりとあらわれるんです。

経営者がメディアの前でどれだけカッコいいプレゼンをしても、ポッコリ出たおなかのように、生活習慣ってなかなか隠せない。場合によっては「いよいよ末期だな……」みたいなこともわかってしまいますから。

……実は私、糖尿病で、毎月の検査で過去1か月の血中糖分の平均が出ちゃうんですよ。シレッと黙っていても、主治医から「あれ、今月スナック菓子増えました？」と即バレるんです（泣）。似てますね……。

まさかのカミングアウトですが、たしかに似ています（笑）。

しかもB/Sは過去1年だけじゃなくて、創業時からの数字がずっと蓄積されていきます。だから大企業になってくると経営者が変わって「1年間新しいことをがんばったぞ！」としても、B/Sが劇的に改善することはあまりないんです。

ギャ～～。まさに「健康診断」だ……長年の蓄積が出る。

そう。だからこそ、**B/Sにはその会社に根づいた文化というか、「本質」が出ます**。そのため、銀行や投資家でも、P/LよりB/Sを重視する人はけっこう多いんですよ。

SECTION

9

POINT

ここが
ポイント!

B/S「貸借対照表」②
なぜ? 左右が
バランスする理由

☑ 「資産－負債＝純資産」という決まりなので、「資産＝負債＋
純資産」
☑ 純資産の「利益剰余金」が調整役として働く

う〜ん、でも、なんでB/Sの左右が同じ額になるんだろう……?

答えを言うと、「絶対にバランスするように会計制度が考えられている
から」なんですけど、ポイントになるのはB/Sの右側の純資産の部にあ
る「利益剰余金」です。

リエキジョーヨキン???

字の通り「利益のあまり」って意味なんですけど、**P/L上の最終的な利
益である「税引後当期純利益（※赤字なら純損失）」をB/Sに引っぱってき
て、前年までの利益剰余金に合算した数字**なんですよ。
ココがP/LとB/Sがつながる接点なんですけどね。

たとえば初年度の純利益が10億円なら、その年のB/Sの利益剰余金は
10億円。2年目の純利益が20億円ならその年の利益剰余金は10＋20で
30億円。3年目が5億円の赤字（純損失）なら、利益剰余金は30－5で25
億円になります。

本当にそれで左右のバランス取れるのか、半信半疑だな……。

じゃあ、ためしにいろんな経済事象で説明してみますね。

1 「会社のパソコンを買った！」→「資産（固定資産）」が増え「資産（現金）」が減り、「純資産（利益剰余金）」は変わらない。

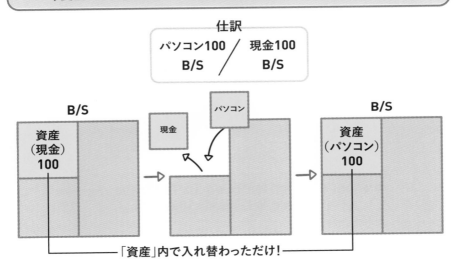

仕訳
パソコン100 ／ 現金100
　B/S 　　　 　 B/S

B/S
資産（現金）100

現金　パソコン

B/S
資産（パソコン）100

──「資産」内で入れ替わっただけ！──

2 「サービスを売った！」→「資産（現金）」が増え、「純資産（利益剰余金）」が増える場合……

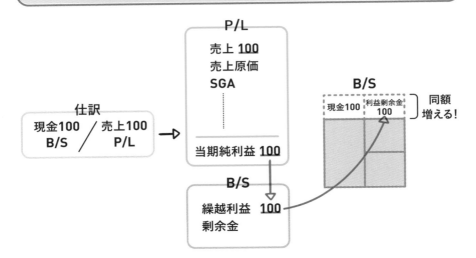

P/L
売上 **100**
売上原価
SGA
｜
当期純利益 **100**

仕訳
現金100 ／ 売上100
　B/S 　　 　 P/L

B/S
現金100　利益剰余金100　｝同額増える！

B/S
繰越利益剰余金 **100**

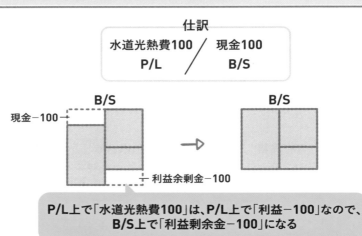

③ 「電気代を払った!」→「資産 (現金)」が減り、「純資産 (利益剰余金)」も減る場合……

仕訳

水道光熱費100 / 現金100
P/L / B/S

B/S

現金-100

→ 利益余剰金-100

P/L上で「水道光熱費100」は、P/L上で「利益-100」なので、B/S上で「利益剰余金-100」になる

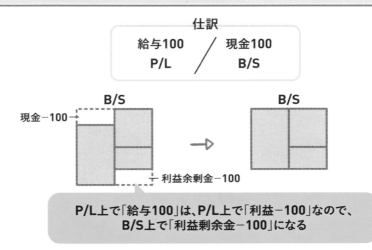

④ 「社員の給料を支払った!」→「資産 (現金)」が減り、「純資産 (利益剰余金)」も減る場合……

仕訳

給与100 / 現金100
P/L / B/S

B/S

現金-100

→ 利益余剰金-100

P/L上で「給与100」は、P/L上で「利益-100」なので、B/S上で「利益剰余金-100」になる

くそ〜〜。なんか……利益剰余金ズルくね？

 ズルくないです（笑）。
でもココがいい緩衝材になっていることがわかりましたよね？

 うぐぅ……キレイにバランスすることは、わかりました。

 さらにシンプルな説明の仕方をすると、「純資産とは『資産から負債を引いたもの』と定義づけられている」からなんですよ。

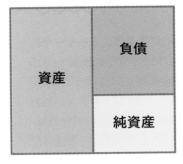

B/S
（貸借対照表）

| 資産 | 負債 |
| | 純資産 |

資産－負債＝純資産
つまり
資産＝負債＋純資産

 あ、こっちのほうがシンプルじゃん。

 なぜ左右のバランスが取れるかについては、PART3の「簿記のキホン」のところで、さらにくわしく解説したいと思います。

B/Sがバランスするのは、「利益剰余金」がポイント！

SECTION

10

POINT

ここが
ポイント！

B/S「貸借対照表」③
「資産」の中身を
見てみよう！

☑ 資産は、「流動資産」「固定資産」「繰延資産」に分けられる
☑ 「固定資産」は、ワンイヤールールで長期保有（1年超）が前提
☑ 「流動資産」は、ワンイヤールールで手放す（1年以内）ことが
　前提

じゃあ実際にB/Sにどんな科目があるのか見ていきましょう。
まずは左側の「資産」から。ざっくり分類すると資産は、①「流動資産」と②「固定資産」と③「繰延資産」に分けられます。

B/S

資産	負債
①流動資産 ②固定資産 　有形固定資産 　無形固定資産 　投資等 ③繰延資産	流動負債 固定負債
	純資産 　株主資本 　評価・換算差額等 　新株予約権

こっち！

このうち「繰延資産」はちょっと専門的なので、今回は無視します。
大事なのが「流動資産」と「固定資産」。流動的な（短期で手放す）資産か、固定的な（長期で持っている）資産か、といった違いです。

「流動」と「固定」ってどうやって分けるんですか？

基本的には「こんな勘定科目はこっちに入れてね」というルールがきっちり決まっているので、それに沿って分けるんですよ。
ただ決まっていないものに関しては、会計の世界に「ワンイヤールール」というのがあって、**1年以内にそれが動くか動かないかで判断します。動くものは「流動」、動かないものが「固定」**です。

へぇ〜。動産と不動産みたいですね。

「流動資産」の主なものとしては、「現金」「売掛金」「商品」「棚卸資産」（商品や原材料）あたりですね。

売掛金……ってなんでしたっけ？

まだ回収できていない代金のこと。「売掛債権」とも言います。

昔の飲み屋でよくあった「ツケ払い」でたとえると、「飲み屋がお客さんからお金をもらう権利」。その逆が、負債の部（右側）にのる「買掛金」。こちらは「飲み屋が酒屋さんやお肉屋さんにお金を支払う義務」です。

「権利」や「義務」みたいなリアルな現金じゃないものも、帳簿にのせるんだ。

そう、そこが「発生主義」からきた現代会計の特徴です。
「固定資産」については「有形」「無形」「投資等」みたいに分けることもありますけど、実際に多いのは土地、建物、機械、車両、のれん、ソフトウェアあたりですかね。のれんについてはあとで解説します。

「資産」って、ひと口に言ってもいろいろあるんだなぁ。わが家の資産も発掘してみようかな……。

いろいろあるんですが、よ〜く見てみると、資産って**「現金」か「モノ」か「権利」の3種類**しかないことがわかります。

SECTION 11

B/S「貸借対照表」④
「負債」と「純資産」を見てみよう

POINT ここがポイント!

- ☑ B/Sの右側は「お金をどこから調達したか?」がわかる
- ☑ 調達元は、大きく「借りたお金(負債)」と「自分のお金(純資産)」に分けられる

次はB/S右側の「どこから調達しているか?」の調達元を見ていきましょう。

B/S

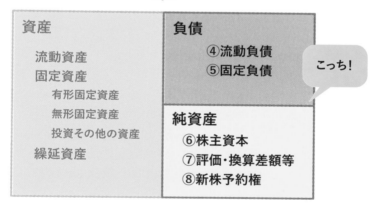

誰かから借りた「負債」については、さっきの資産みたいに④「流動負債」と⑤「固定負債」に分けます。こちらもワンイヤールールが適応されるので、「流動負債」は1年以内に支払わないといけない負債のことで、それより返済の猶予が長い負債のことを「固定負債」と言います。

買掛金は、「流動負債」ですか？

 そうです。それ以外の「流動負債」としては短期（1年以内）の借入金だったり、直近に支払う予定の税金などが入ってきます。
「固定負債」は、ほぼ銀行からの長期借入金になります。

「流動負債」も「固定負債」も、結局はいつか返さないといけないお金ですから、「他人資本」と言ったり「デット（Debt）」と言ったりもします。私はTACの講義なんかでは、頭文字の「ディー（D）」と黒板に書いてますけど。

 ## 今度使ってみよう♪ 「最近ディーがヘヴィーでさぁ」って。

 （笑）。で、「**純資産**」は、「資産から負債を引いた差額」でしたよね。コレ、返済義務のないお金なので「**自己資本**」とも言います。

純資産の中心となるのが⑥「**株主資本**」で、「株主資本」を構成するのは主に「**資本金**」と「**資本剰余金**」と「**利益剰余金**」です。

 「ジョーヨキン」多いな（笑）。そう言えば、「資本金」って会社案内とかに「資本金1億円」とか書いてあるヤツですよね？

 そうです。資本金は会社を設立するときに準備するお金で、創業直後はこのお金でやりくりすることが多いんですよ。
ビジネスが軌道に乗って収益を生み出してきたら、その利益は「利益剰余金」に乗っかってくるワケです。

 へ〜、資本金が当面の運転資金なんですね。

 実はこういうしくみになっていたんです。純資産には、株主資本以外にも細かい項目があるんですが、ココでは、「**純資産（自己資本）＝株主資本＋α（いろいろ）**」とざっくり覚えておいてください。

B/S「貸借対照表」⑤
株主や投資家は運命共同体!

POINT
ここがポイント!

☑ 株主や投資家から集めたお金は「純資産」に入る
☑ 会社は、株主から集めたお金に「返済義務」はナシ

 先ほどの株主資本ですけど、自社の株を誰かに買ってもらったら、その投資額は「資本金」に乗っかってきます。

 右側の「純資産」のところにくるんですね。

 そうなんです。だからスタートアップ企業が投資家から出資を受けたり、めでたく上場できたりすると、「株主資本」がドカンと増えます。

 ## B/Sはバランスするから……全体が大きくなる?

 わかってきましたね! B/Sの右側の「株主資本」が増えると、かならず同じ大きさになるので、左側の「現金」も増えるんでしたね。

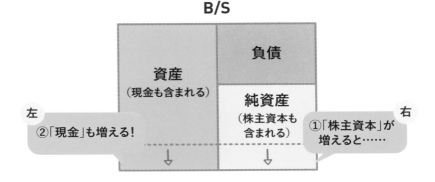

「現金」が増えることで大規模な設備投資やハデな広告宣伝、人材の大量採用などができるようになって、成長をグンと押し上げるんです。

起業したてで事業のアイデアくらいしかない設立当初は数百万円ほどですが、サービスの精度や実績が上がるにつれてシリーズA（数千万円）、シリーズB（数億円）、シリーズC（数十億円）……と、ケタが1つずつ増えていきます。そして上場したら数百億円！　みたいな世界です。

ナニその成長曲線、すげえ……！

コレができるのはごく一部の企業ですけどね。でも、こんな感じで投資家の支援を受けながら会社の規模を大きくしていかないと、社会に大きなインパクトは残せません。

ん……？　ちょっと待ってください。株主からもらったお金が「負債」じゃなく、「純資産」に入るのヘンじゃないですか？？？

企業は、投資家や株主から集めたお金には返済義務がないんです。

ええええ、ウソぉ？？？　踏みたおせるんだ!?

もちろん経営者は儲けを出して、「配当」、もしくは「株価アップ」というカタチで株主に還元できるようにがんばらないといけません。でも会社が倒産したとしても、株主に対して債務を負うことはない。

シロウト考えだと、起業って常に「自己破産」のリスクを背負ってやるイメージでした……。

それは、銀行から借り入れをした場合の話。株主から集めたお金で会社を回している限りはノーリスクです。それでお金が足りなくなったら、出資者に増資をお願いすることもできますからね。

だから**会社と株主って、実は運命共同体**なんですよ。

知識ゼロでもサクッと！
決算書を読めるようになろう！

SECTION

13

POINT

ここが
ポイント！

B/S「貸借対照表」⑥
「債務超過」って
どういう状態？

☑ 資産より負債が大きい状態を「債務超過」という
☑ 債務超過のときは「純資産がマイナス」になる

 今まで見てきたB/Sってある意味で「通常のB/S」なんですけど、イレ
ギュラーなものもあるんですよ。その名も、「債務超過」……。

 うっ……何かヤバい響きのヤツがきましたね……。

 「債務超過」というのは左側の「資産の総額」より、右側の「負債の総
額」のほうが大きくなっている状態です。こんな感じで。

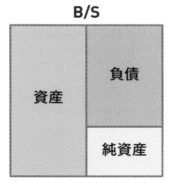

通常の貸借対照表

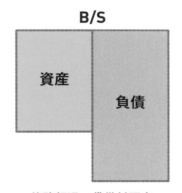

債務超過の貸借対照表
（純資産はマイナスになる）

 前に、純資産は「資産－負債」だと言いました（P.87）けど、資産が10
億円で負債が12億円だったら、純資産は－2億円になってしまいますよ

94

ね。だから**「債務超過とは、純資産がマイナスの状態のこと」**とも表現
できます。

B/S上だとどういう表記になるんですか？

純資産の合計がマイナス表記になります。負債12億円と純資産−2億円
を足したら、資産10億円とバランスしますからね。左右がバランスす
るという基本は変わりません。「利益剰余金」で調整されるように制度
がうまくできているんです。

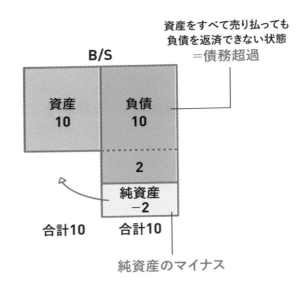

資産をすべて売り払っても
負債を返済できない状態
＝債務超過

B/S

資産 10	負債 10
	2
	純資産 −2
合計10	合計10

純資産のマイナス

PART

1

2

3

4

5

たしかにマイナスでも、B/Sはバランスしてますね……。債務超過の状
態におちいったら、会社はアウトなんですか？

そう思いがちですよね。たしかに上場企業は債務超過が1年以上続くと
上場廃止になったりするんですけど、実は**中小企業の3割くらいは債務
超過の状態で経営を続けている**と言われています。

えっ……？　大赤字じゃないんですか？　そんなことができるの？

いわゆる「自転車操業」ですね。会社に入ってくる現金を、ひたすら目
先の借金返済に回しているような会社です。ペダルをこぐ足……つまり、

知識ゼロでもサクッと！
決算書を読めるようになろう！

入る現金が少しでも止まった瞬間に倒産しますけど。

あとは……借金を返すために新たな借金をするとか？　かつてカードローン地獄を経験した私の実話です（苦笑）。

あ、やっちゃいましたか（笑）。それもありますけど、**企業の場合、債務超過になるとなかなか銀行が貸してくれなくなりますね。だから経営的にちょっとコワイ状態にあることは間違いないです**。

そうなんだ。

ただ個人でも住宅ローンを抱えている人って実は、「債務超過」だったりするんですよ。

20年ローンを抱えている私にそれ言っちゃう？（汗）

たとえば5000万円の家をフルローンで買ったとしましょうか。5000万円の借入金は負債の部に乗りますね。資産のほうはどうなるかというと、日本のいまの会計基準（日本版GAAP）では購入時の価格をそのまま乗せるので「家5000万円」ということになります。

バランス取れてるじゃないですか（ホッ）。

はい。ただ、現実問題、5000万円で買った家を5000万円で売れますか？　むずかしい場合が多いですよね。そう考えると実は**多くの住宅ローンを抱える家計は、債務超過の状態なんです**。

わが家は「健全な債務超過」と思いたい……（涙）。

国の上限金利を
大きく超えるブラック手数料？
給与前払いサービスの罠

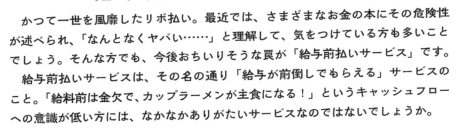

　かつて一世を風靡したリボ払い。最近では、さまざまなお金の本にその危険性が述べられ、「なんとなくヤバい……」と理解して、気をつけている方も多いことでしょう。そんな方でも、今後おちいりそうな罠が「給与前払いサービス」です。
　給与前払いサービスは、その名の通り「給与が前倒しでもらえる」サービスのこと。「給料前は金欠で、カップラーメンが主食になる！」というキャッシュフローへの意識が低い方には、なかなかありがたいサービスなのではないでしょうか。

　ただ、じつは給与前払いサービスとリボ払いに、たいした違いはありません。2つの違いは、「手数料があらかじめ引かれる」か「利子をあとで払うか」だけ。手数料か利子かという違いはあるものの、実質は「金利支払い」なので、まったく同じ原理です。たとえば、リボ払いなら、100万円で買ったものを利子含めたトータルで115万円払うところを、給与前払いサービスの場合なら100万もらえるものを85万円で受け取るようなものです。

　両者がとくにヤバい理由は、その手数料率・利率の高さ。
　リボ払いは借りたお金に対してのちのち利子の支払いがあるのに対して、給与の前払いサービスでは手数料がかかるところが多いため、借金として扱えば手数料は利息に相当すると解釈されてしまいます。
　そもそも、国で認められた金利は15%ほどが上限であることも多いのですが、給与前払いの手数料を年利換算すると、上限金利である年間15〜20%を超えてしまうエグいサービスも多く見られ、問題視されることもあります。

　会計思考のキモは、収入でダムをつくって、そこからあふれ出た水で効率よく生活することにあるのに、リボ払いも給料の前払いも、やっていることは真逆。両者は、この収入のダムの水自体を抜いてしまう行為のため、結果、水がたまることも、あふれることもありません。お金を増やすこと目的としたときに、まずは考えなおすべき思考です。

SECTION

14

POINT

ここが
ポイント!

B/S「貸借対照表」⑦

ニュースでたまに見る
「のれん」ってなに?

☑ 企業の目に見えない「収益力=のれん」とあらわす
☑ 「のれん」は日本の会計基準だと20年以内で償却していく
☑ IFRSの場合、「のれん」の評価がいきなり0円になることも

 B/Sの説明の最後で、出てきた「のれん」の話をしましょう。コレ、資産の部のうち「無形固定資産」に分類される勘定科目です。
文字通り、お店の入り口に吊るしてある「のれん」に由来するんですけど、英語だと「goodwill」と言います。直訳すると「信用力」。

 のれん……。なんでココだけ、めっちゃ「和」に寄せたんだ……。

 「のれん」とは、企業をM&A(買収)したときの買収価格と、買収された企業の純資産との「差」のことです。

 ## 差???　よくわかりません～。

 たとえばA社がB社を20億円で買ったとします。B社の純資産は15億円でした。するとA社のB/Sには無形固定資産として「のれん5億円」が計上されるんですよ。
もし、のれんがプラスだったら「正ののれん」、マイナスだったら「負ののれん」と言います。

 この5億円は……期待値みたいなもの???

 はい。専門用語では「超過収益力」と言いますが、要するに「B社買収によってA社にもたらされる新たな価値」、もしくは「利益の収益源」

みたいな意味です。それはB社が持っているなんらかの付加価値（たとえば、稼ぐ力、人材力、技術力、データ力、顧客リスト、ブランド力など）なんでしょうけれど、だからこそ価格を上乗せして買うワケで。

ああ、たしかに。

ちなみに、**日本の会計基準では、のれんに関して「20年以内の均等割りで償却していく」と決まっています**。もし買収時ののれんが5億円なら、毎年2500万円ずつ資産価値が下がっていって、20年後にはB/Sから消えるということです。

へ～～！！！　20年が消費期限なんだ。

でも本当にそれでいいのか？　という議論もあるんです。
B社の5億円の根拠も、買収時に担当者が「これくらいが妥当かな？」と思って決めた数字に過ぎない。のれんの価値も、毎年少しずつ下がって20年後には消えるって「なんで20年やねん？」と思いますよね。

う〜ん、たしかにすんごい感覚的な気が。

その点、国際会計基準のIFRSって、のれんに関してはめっちゃ厳格。
毎年しっかり見なおさないといけないんです。
だから企業を買収したけど、数年たってやっぱり価値がないと判断したら、いきなり「ハイ、のれんは0円ね！」となることもありうる。
今後日本企業がIFRSに変わっていったら、大きく影響を受ける会社も増えてくるでしょうね。

知識ゼロでもサクッと！決算書を読めるようになろう！

SECTION

15

POINT
ここが
ポイント!

C/S「キャッシュフロー計算書」①

「黒字倒産」は
なぜ起きる?

☑ 発生主義の影響で、「利益」と手持ちの「現金」にズレが出る
☑ C/Sで、資金繰りができているかを正確に把握できる

 次に、3つめの「**C/S**(キャッシュフロー計算書)」を説明したいんですけど……「**黒字倒産**」って聞いたことあります?

 「貧乏父さん」なら知ってます。

 ちょっと違います(笑)。黒字倒産というのは、「P/L上では利益が出ているのに、手持ちの現金がなくなって倒産すること」です。

 ## へっ???　なんでそんなことが起きるんですか?

 会計の世界に「発生主義」が導入されたことが原因です!

 発生主義?　あぁ、鉄道の話で出てきましたね。

 それ以前は「現金商売」が当たり前だったワケですね。現金でいくら払った、現金をいくらもらった、手元にはいくらある……そのときの記録をしていればお金の管理は済んでいました。めっちゃシンプル。

ただ、「発生主義」の導入から、会計制度がどんどん複雑になって、「売掛金」「減価償却」といったバーチャルな数字が帳簿上に書かれるようになりました。その結果、**「利益」**と**「現金」**にズレが生じるようになってしまったんです。

もう少し、わかりやすくお願いします～（泣）。

たとえば今、1年がかりの執筆の仕事を500万円で受けたとします。報酬の受け取りは本が完成したあと、つまり来年だとしましょう。
でも「発生主義」（収益は「実現主義」）なので、出版社に原稿を納品して請求書を発行した段階で、帳簿の上では売掛金として500万円が計上されるワケですよ。
すると今年のP/Lってどうなります？　売上高はいくらですか？

そりゃ、500万円です。

そうですね。でも、手元に「現金500万円」はありますか？

げっ、ない！　やばい！！！

もしくは、こんなケースも考えてみましょうか。
50万円のパソコンを現金一括で買ったとします。この時点で、手元から現金が50万円なくなっているワケです。

でも「発生主義」だと固定資産は減価償却、つまり費用を分割して計上する必要があるから、その年のP/Lでは50万円のうちの「10万円くらいしか費用として計上できない」んです。

手元にお金がないのに、経費として全額計上できない……？

そう。だから、40万円分、利益が出ちゃうということです。本来かかった費用より、少なく計上するということですから。でもその40万円分の利益って現金として存在するワケじゃないですよね。すでに払ってしまったから手元にない。
だからここでも「利益」と「現金」のズレが生じるワケです。
これが、「黒字倒産」の理屈です。

実際によくあるのは、「売掛金の回収が滞って現金がショートするケース（＝売上が立っているのに現金がない）」と「過剰在庫で現金がショートするケース（＝お金が出ているのに経費にならない）」の2つかな。

知識ゼロでもサクッと！決算書を読めるようになろう！

売掛金の話はさっきの説明でイメージがつくんですけど、「在庫が多くて倒産するケース」って？？？

たとえば、商品を大量に仕入れると運転資金はガッと減るワケですが、その仕入在庫ってP/L上にはあらわれないんです。なぜならP/Lには「商品が売れたタイミングで売上原価を計上する」というルールがあるから。

コレ、専門用語で「費用収益対応の原則」と言います。その結果、過剰在庫を抱えて（＝「費用」ではなく、「資産」として計上されるので経費にできないうえに利益には税金もかかってくる）資金繰りがやばいのに、P/L上では「黒字」になっている可能性があるということです。

そういうことか。

こういう不測の事態を回避するためには、会社の収益を記録していくだけでなく、「手元には実際、いくら現金があるんだ？」ってことを常に把握しておかないとダメですよね。

はい！　手元の現金、超重要です……！

そこで、キャッシュフロー計算書（C/S）を書く必要性が出てきたというワケです。**日本では2000年から上場企業に対してC/Sの作成が義務づけられました**。やっていることは「資金繰りの計算」という「商売のキホンのキ」にすぎないんですけどね。

> もっと知りたい！
>
> **▶ キャシュフローは「血液」？**
> 会社を「人のカラダ」とすると、キャッシュフローは「血液」にたとえられることがあります。「売上100億円！」なんて言っても、入金が来年で、支払いが150億円あったら……？　出血多量で、瀕死の状態と言えますね。会社の経営は、お金（血液）を回して、健全な状態を保つことが重要なんです。

C/S「キャッシュフロー計算書」②
「3つに分解」すれば 読める!

☑ C/Sは「営業活動」「投資活動」「財務活動」の3つに分かれている
☑ 現金の「今期増えた分」と「残高」がわかる

 ではC/Sの読み方を説明しますね。シンプルなので、とりあえず実際のものを見てもらいましょうか。

キャッシュフロー計算書

営業活動によるキャッシュフロー		
税引前当期純利益		
減価償却費		
売上債権の増加		← 本業のキャッシュフロー
仕入債権の増減		
法人税等支払い		
営業活動によるキャッシュフロー	1	
投資活動によるキャッシュフロー		
有価証券の取得		
有価証券の売却		← 株や固定資産の売買によるキャッシュフロー
固定資産の取得		
固定資産の売却		
投資活動によるキャッシュフロー	2	
財務活動によるキャッシュフロー		
借入金の増加		← 借入の実行や返済・出資などによるキャッシュフロー
借入金の返済		
財務活動によるキャッシュフロー	3	
現金および現金同等物の増加額	1+2+3=4	← 上記3つの増減額
現金および現金同等物の期首残高	5	← 期首時点の現金残高
現金および現金同等物の期末残高	4+5	← 今期末の現金残高

 サッパリワカリマセン……(棒)。

わ、ペッパーくんみたいに！（笑）。
いっぱい書いてある細かい項目はいったん無視してください！　**注目してほしいのは、「表が3つのパートに分解されているところ」**です。

「営業活動」「投資活動」「財務活動」……ですか？

はい。**キャッシュフロー**のことを「**CF**」って略しますけど、それぞれのパートの一番下に、その活動での「CF」が書いてありますね（前ページ図の1，2，3に入る部分）。ここの数字が超大事。
1年なら1年の間で、「**営業CF**」「**投資CF**」「**財務CF**」がいくら増えたのか、もしくは減ったのかが書いてあります。こんな感じに。

〈CF合計で見る、3種類のお金の流れ〉

営業CF……本業でいくら現金が増えたか、減ったか
投資CF……投資活動でいくら現金が増えたか、減ったか（固定資産を売却したら増え、新たに固定資産を買ったら減る）
財務CF……財務活動でいくら現金が増えたか、減ったか（新たな借り入れをしたら増え、借金を返したら減る）

ホントだ。

表のいちばん下に「現金および現金同等物の〜」という言葉が3つ並んでいますけど、別にむずかしくありません。上から「今期増えた（減った）現金の合計」「今期が始まる時点での現金の合計」「今期が終わった時点での現金の合計（残高)」と書いてあるだけです。

また新しい用語出た！　「**現金同等物**（げんきんどうとうぶつ）」ってなんですか？

現金に類似するものですね。普通預金とか、3か月で降ろせる定期（性）預金とか、ちょっと専門的なところでは「**CP（コマーシャルペーパー）**」という約束手形みたいなものが含まれます。

SECTION

17

C/S「キャッシュフロー計算書」③

CFからわかる 「6つの物語」

POINT

ここが ポイント！

- ☑ CFはすべてプラスだからいいワケではない
- ☑ 本業の営業CFがプラスであることが重要
- ☑ 3つのCFから、会社の置かれているステージがわかる

 C/Sを見るときに当然ながら最初に見るべきは、先ほどの3種類のキャッシュフロー（CF）なんですけど、「ちゃんと現金増えたかな」「現金はあとどれくらい残っているのかな」くらいの感じでチラッとチェックしておくだけでいいです。むしろちゃんと見ておきたいのが、「3つの活動のうちどれがプラスで、どれがマイナスか？」ということ。

 ## そりゃあ、「全部プラス」がいいですよね♪

 違うんです。**確実にプラスであってほしいのは「営業CF」だけ。**
P/Lの説明でも言いましたけど会社が持続的に成長していくには本業でちゃんと儲けているかどうかが重要ですからね。

 え〜、ほかの2つもプラスのほうが安心じゃないですか。

 「投資CF」に関してはプラスでもマイナスでもいいんですけど、成長企業であればマイナスであるべきです。将来を見据えて投資活動を積極的にしていたら、どうしてもここはマイナスになるんですよ。工場を建てたり、機械を買ったりしていれば現金は出ていきますよね？

 たしかに……現金を残すだけが目的になったら、タンス預金といっしょですもんね。

最後の「**財務CF**」はお金を借りていればプラスになるし、返していればマイナスになるので、ここの数字単体ではなんとも言えません。
大事なのは「組み合わせ」なんです。

たとえば「投資CF」がマイナスで「財務CF」がプラスだとすれば、「投資をするためにお金を借りている」と判断することもできますよね？
それって別に悪いことではない。じゃあ、ちょっと問題です！

> **Q** 「営業CF」がマイナスで、
> 「投資CF」と「財務CF」が
> プラスだとしたらどんな状況でしょう？

本業がマイナスで、投資と借り入れでプラス……？　降参です（汗）。

可能性として考えられるのは、本業で赤字（営業CFマイナス）が出ているために会社の資産を売却して現金を集め（投資CFプラス）、さらに借金をして現金を集めている（財務CFプラス）ケースです（右表の⑤にあたる）。
コレ、「会社として大丈夫なの……？」って思いません？

ドキッ！　実はカードローンが限度額に達したときに、大事な釣り道具をヤフオクで売り払った経験があるので、よくわかります……（涙）。

それはヤベェ（苦笑）。それと同じで、経営者が従業員に給料を支払うのに必死で現金をかき集めているとしたら、ヤバイ。土地とか機械とか売却しちゃったら、来期の生産は大丈夫なの？　と思いますよねぇ。

ホント、そうだよなぁ……（しみじみ）。

だから実はC/Sって「**3つのCFの組み合わせ**」を見ることで、会社の置かれているステージというか、物語がざっとわかるんですよ。だいたい6パターンあるんですけどね。

表にしてみましたので、次ページをご覧ください。

〈3つのCFから見える！ 会社の6ステージ〉

	営業CF	投資CF	財務CF	
安定↑				
①	＋	－	－	もっとも
②	＋	－	＋	理想的！
③	＋	＋	－	
④	－	＋	－	
⑤	－	＋	＋	余命宣告！
危険↓ ⑥	－	－	＋	

 このうち一番理想的なのが①。営業CFがプラスで、投資CFと財務CF がマイナス。**本業でちゃんと儲けていて、その利益を使って投資をして いるし、借金も返せているということ**ですよね。

 聞いていても、超理想的な感じがする。

 ②の会社もけっこう多いです。本業で収益は上げているけれど、自前の 現金で投資をするには足りないので、借り入れをしているケース。大規 模な設備投資をするときはこのパターンになることが多いです。

③は、本業で儲けていて借金も返せているので悪くはないんですけど、 さっき言ったみたいに「投資CFがプラス」ということは積極的に投資 をしていない可能性があるので、来期以降の成長性が少し心配になると ころではありますね。

 ④ってなんですか？

 本業で赤字で、借り入れには頼っていないけど、資産の売却で運転資金 をなんとかしているケースですね。ちょっと危うい状態になりつつある 会社です。
さらにヤバいのが⑤ですね。さっき言った、本業が赤字で、借金でもなん でもいいから、ひたすら現金をかき集めている会社です。

知識ゼロでもサクッと！
決算書を読めるようになろう！

107

おお……なんか同情しちゃう。

さらにヤバくて、余命宣告が出ているレベルなのが⑥。本業で利益が出せていない。投資もやめられない。会社を存続させる頼みの綱は、投資家からの出資だけ……みたいなケースです。

末期症状かぁ、泣ける……。あれ？　それってスタートアップ企業も同じじゃないですか？？？

おっ、鋭いですね！　**末期の会社も、スタートアップ企業もキャッシュフロー的には同じ**なんですよ。スタートアップの企業は、キャッシュフロー的には一番底辺のところから始めないといけない。手持ち資金がなくなる前にビジネスモデルを確立させて、営業CFをなんとかプラスに転じないといけないという、壮絶なプレッシャーのなかで戦っているワケです。

C/Sだけで、会社のことが深読みができるなんて面白いなぁ。

絶対そういう状況とは言い切れないですけど、目安にはなります。「あれ？　この会社ってこういうステージにいるのかな？」「こんな状況じゃない？」とざっくりとした仮説を立てて、そこから細かい数字を見ていく、ということはします。

もっと知りたい！

▶ Amazonの「CCCマイナス」の秘密

キャッシュフローの鉄則は、「お金を回しつつ、手元のお金を残すこと」。この鉄則に従うと、「支払い（買掛の支払い）はできるだけ遅く、お金をもらうの（売掛の回収）はイチ早く」すればいいワケです。**Amazon** は「CCC（キャッシュ・サイクル・コンバージョン）」をマイナスにしています。このCCCは、仕入れた商品の代金支払いから、商品を販売した代金の回収にかかる日数をできるだけ短くするというもの。**Amazon** は強力な購買力を盾に、「商品代金を回収してから、仕入れ代金を支払う」方法に成功していますが、支払い日数が113日後とは、スゴイですね。

ここが
ポイント!

☑ 財務会計と税務会計はポリシーが違う
☑ 財務と税務で、言い方や計算方法が違うものもある

ここまで財務三表の基本は押さえたんですけど、税務会計の話もしておかないといけませんね。とりあえず財務会計と税務会計の違いがわかる特徴的な具体例を1つ出しましょう。

P/L、B/Sの説明のときはスルーしたんですけど、財務会計では「貸倒引当金繰入額」という費用が計上されることがあります。コレ、「売掛金の3%くらいはどうせ返ってこないだろうから、先に費用として計上しておけ」というバーチャルな費用なんです。

大きなお世話やん (笑)。

ホンマ「大きなお世話!」なんですけど (笑)、実際に売掛金が回収できないことってたま〜に起こる。
財務会計の目的は、「会社の経営状態をできるだけ正確に数値化すること」ですから、わざわざこういう特殊な会計処理をするんです。でも税務署に提出する財務諸表の「貸倒引当金」には注意が必要です。

税務会計は「課税の公平」(同額の所得がある人は、同額の税負担をする) を重視するので、貸倒引当金のような未確定な経費には厳しいルールがあり、かんたんには損金 (税務上の経費) になりません。

ザイムとゼイム……似てるのに、考え方が違うんですねぇ。

 今の例からもわかるように、**財務会計って「悲観的」で「現実的」な数字を出そうとする**んです。こういう会計処理のポリシーのことを「**保守主義**」と言います。本当はもう少し儲けが出るかもしれないけど、財務諸表上では「できるだけ保守的な数字」であらわす。

一方の**税務会計は、「確定主義」**というポリシーに従っています。つまり、「こんなことが起こりそうです……」と経営者がどんなに主張しても、税務署は「予定は未定だ。確定したら言え」と言われちゃう。
ポリシーがちがうから、細かいところでちがいが出てくるんです。

ちなみに財務会計では入ってくるお金を「**収益（または利益）**」、出て行くお金のことを「**費用（または損失）**」って言いますけど、税務会計では「**益金（えききん）**」と「**損金（そんきん）**」という独特な言い方をします。
言い方がちがうのは、計算の仕方がちがうからなんですね。

 ほかにはどんなちがいがあるんですか？

 数字上の大きなちがいが出やすいことでいうと「不良在庫」の扱いかな。
財務諸表だと不良在庫って妥当性が認められれば評価を下げて計上することができるんですよ。そのほうがリアルな経営実態がわかりますからね。でも税務会計だとそれができません。

 ふぅん、それって何かマイナスなんですか？

価値のない、しょーもない資産なのに税務会計上は「価値がある」という扱いをされてしまうので、センスのない経営者は不良在庫をさらに積み上げちゃったりしますよね（苦笑）。

 むむむ……そういうことか。

あと地味にコワイのが交際費かなぁ。

 財務会計上は、交際費で800万円使おうが1億円使おうがそのまま「交際費」として計上されるんですけど、税務上は中小企業だと「年間800万円まで（※ほかのルールもあり）」って決められているんですよ。

 ……もし、社長が調子に乗って1億円使っちゃったら？

 「9200万円分は損金の扱いにならない」ことになるので、「損金不算入」（お金は出ていってるのに経費にできない。つまり税金計算に含まれる）になっちゃいます。
たとえば財務会計上の純利益はプラマイゼロなのに、経費にならず、9200万円が損金不算入になることで「黒字の会社なのね」と判断されて、法人税がかかってしまうこともあるんです。

 え？？？　交際費として1億円使っちゃったのに、9200万円にかかる税金も3000万円納めろってことですか？（汗）

 エグイですよね〜（笑）。実際にコレが原因で資金ショートする企業もあります……。気をつけましょう。

19

POINT

ここが
ポイント!

本物の決算書を
見てみよう!

☑ 財務諸表の点検ポイントは、「純資産の合計と負債とのバランス」「利益余剰金」など限られている
☑ 投資目的なら「有報の前文」に答えがある

 じゃあ、おさらいも兼ねて、実際の決算書を軽く見てみましょうか!

 え〜。じゃあ、マツダの車が好きなのでマツダにしようかな。「マツダ 有価証券報告書」で検索っと……あ、2021年3月期の有報がありました。…………え! コレ、何ページあるんだ? 100ページ以上あるの!?

 そうなんです。有報って本1冊分くらいの超大作なんです。

 ## 見る気が急に失せた……吐く……（白目）。

 いやいや（笑）。でも財務諸表自体はちょっとしかありません。だいたい 中間あたりのページにあるんですよ。
コレ、親会社のみの数字を示す「単体」と、グループ会社全体の数字を 示す「連結」があります。みなさんが勉強した「キャッシュフロー計算 書」が「単体」だと載っていないので、今回は「連結」のほうを説明し ますね。ほら、B/Sがありました（P.114〜115）。

 ホントだ。まずはB/Sですね。前年との比較になってるのか。資産の合 計は……そもそも、ケタがわからんです（笑）。

 欄外に「単位：百万円」と書いてあるので、2.9兆円くらいですね。

兆！　これ百万円以下は省略されているだけで、1円単位の誤差も出さずに数字を管理してるんですよね？

もちろんです。だから大変なんですよ。流動資産と固定資産で半々くらい。で、総資産が2.9兆円。ということは負債と純資産の合計も同じになっているはずです。……なっていますね。

で……何を見たらいいですか？　やっぱり資産の合計ですか？　「資産があれば、なんでもできる！」っていう気がするんですけど。

やっぱり資産には、目が行きますよね。でも私が仮にまったく知らない会社のB/Sを見るんだったら、まず「純資産の合計がプラス」になっているか見て、「債務超過じゃないな」とチェックします。

次に「利益剰余金」を見るかな。結局ここに創業以来の本業の儲けが溜まっていくので、ここがしっかり黒字になっているか、前年比で増えているかを見ます。

そうか。マツダの場合は5000億円くらい。前年比でちょっと減ってますね。

そうですね。あとは「負債」と「純資産」のバランスを見るかな。このあたりはPART4で財務分析の基本をいろいろ教えようと思います。

次がP.116～117のP/Lか……。売上高2.9兆円で……お、「5つの利益」がちゃんと書いてある。あれ？　当期純利益のあとに謎の「包括利益計算書」があって、「包括利益」で当期は黒字になってる……ナニコレ？？

そうそう。中小企業だとあまり関係ないので説明を省いたんですけど、「包括利益」はグローバルにやっている大企業の決算書だと必ず出てきます。主に為替変動の影響が「その他の包括利益」に入ってくるんですよ。なので「当期純利期」と「その他の包括利益」を合算したものが「包括利益」で、それがB/Sの利益剰余金に乗っかります。

1 【連結財務諸表等】
(1) 【連結財務諸表】
① 【連結貸借対照表】

B/S
(貸借対照表(連結))

コッチが
今年度の分

(単位：百万円)

	前連結会計年度 (2020年3月31日)		当連結会計年度 (2021年3月31日)
資産の部			
流動資産			
現金及び預金		521,960	591,101 ⑤
受取手形及び売掛金		169,007	167,533
有価証券		47,000	147,900
たな卸資産	※1,※6	441,305	※1,※6 433,049
その他		136,310	151,815
貸倒引当金		△970	△1,803
流動資産合計		1,314,612	1,489,595
固定資産			
有形固定資産		⑦	
建物及び構築物（純額）	※6	191,064	※6 189,949
機械装置及び運搬具（純額）		293,993	※6 277,160
工具、器具及び備品（純額）	※6	70,952	※6 56,682
土地	※3,※6	418,104	※6,※6 417,027
リース資産（純額）		20,044	20,617
建設仮勘定		78,357	113,733
有形固定資産合計	※2	1,072,514	※2 1,075,168
無形固定資産			
ソフトウエア		37,661	40,500
その他		2,436	2,414
無形固定資産合計		40,097	42,914
投資その他の資産		⑥	
投資有価証券	※4	214,000	※4 203,432
長期貸付金		6,807	1,861
退職給付に係る資産		3,736	6,660
繰延税金資産		91,829	61,120
その他		44,438	37,009
貸倒引当金		△393	△345
投資その他の資産合計		360,417	309,737
固定資産合計		1,473,028	1,427,819
資産合計		2,787,640	① 2,917,414

KOYAMASHIKI

小山式！

B/Sのチェックのしかた

① 総資産合計見てざっと規模感を確認⇒千円か万円かの単位からも規模感をつかむ

② 純資産チェック⇒債務超過になっていないか（そんな会社は多くないが念のため）、資本金の金額も見る

③ 繰越利益剰余金をチェック⇒欠損がないか

④ 負債と純資産のバランスを見る（負債比率にも準じる）⇒借入過多になっていないか

	前連結会計年度 （2020年3月31日）	当連結会計年度 （2021年3月31日）
負債の部		
流動負債		
支払手形及び買掛金	364,784	363,679
短期借入金	※5　121,364	※6　1,608
1年内返済予定の長期借入金	※5　37,130	※6　11,323
リース債務	4,484	4,482
未払法人税等	16,022	5,336
未払金	32,265	47,962
未払費用	225,227	238,099
製品保証引当金	87,168	80,504
その他	44,499	54,657
流動負債合計	932,943	807,650
固定負債		
社債	50,000	50,000
長期借入金	※5　390,375	※6　670,920 ⑥
リース債務	16,515	17,595
再評価に係る繰延税金負債	※3　64,553	※3　64,537
退職給付に係る負債	75,874	50,039
その他	51,534	60,843
固定負債合計	648,851	913,934
負債合計	1,581,794	1,721,584
純資産の部		
株主資本		
資本金	283,957	283,957
資本剰余金	264,917	263,028
利益剰余金	552,993	508,784 ③
自己株式	△2,186	△2,187
株主資本合計	1,099,681	1,053,582
その他の包括利益累計額		
その他有価証券評価差額金	2,231	16,002 ④
繰延ヘッジ損益	321	△312
土地再評価差額金	※3　145,574	※3　145,536
為替換算調整勘定	△48,256	△30,897
退職給付に係る調整累計額	△24,604	△2,181
その他の包括利益累計額合計	75,266	128,148
新株予約権	290	382
非支配株主持分	30,609	13,718 ②
純資産合計	1,205,846	1,195,830
負債純資産合計	2,787,640	2,917,414 ①

KOYAMASHIKI
小山式！

B/Sのチェックのしかた

⑤ 現金預金残高⇒CSで本格的に見るが、"残高"として適正か

⑥ のれんやその他の資産・負債で特徴的なものはないか⇒大きいものからチェック

⑦ 前期比較や期間比較して大きな増減をチェック（重要な資産の売却やリストラ引当金などの異常値を見つける感覚）

② 【連結損益計算書及び連結包括利益計算書】
【連結損益計算書】

P/L
(損益計算書)

(単位:百万円)

	前連結会計年度 (自 2019年4月1日 至 2020年3月31日)	当連結会計年度 (自 2020年4月1日 至 2021年3月31日)
売上高	3,430,285	2,882,066 ①
売上原価	2,683,647	2,268,422
売上総利益	746,638	613,644
販売費及び一般管理費	※1,※2 703,035	※1,※2 604,824
営業利益	43,603	8,820
営業外収益		
受取利息	5,271	2,988
受取配当金	2,178	2,185
受取賃貸料	1,731	1,682
持分法による投資利益	19,714	6,622
為替差益	—	16,062
その他	3,756	2,963
営業外収益合計	32,650	32,502
営業外費用		
支払利息	6,132	8,034
債権売却損	1,478	891
為替差損	10,466	—
その他	5,086	4,146
営業外費用合計	23,162	13,071
経常利益	53,091	28,251
特別利益		
固定資産売却益	89	352
投資有価証券売却益	413	400
収用補償金	109	180
その他	129	32
特別利益合計	740	964
特別損失		
固定資産除売却損	※3 3,734	※3 4,915
減損損失	※4 797	※4 1,355
新型コロナウイルス感染症による操業停止に伴う損失	—	※5 20,460
その他	18	283
特別損失合計	4,549	27,013
税金等調整前当期純利益	49,282	2,202
法人税、住民税及び事業税	27,539	17,400
過年度法人税等戻入額	※6 △11,766	—
法人税等調整額	19,404	16,856
法人税等合計	35,177	34,256
当期純利益又は当期純損失(△)	14,105	△32,054
非支配株主に帰属する当期純利益又は非支配株主に帰属する当期純損失(△)	1,974	△403
親会社株主に帰属する当期純利益又は親会社株主に帰属する当期純損失(△)	12,131	△31,651

②

③

④

包括利益計算書
（連結）

（単位：百万円）

	前連結会計年度 （自 2019年4月1日 至 2020年3月31日）	当連結会計年度 （自 2020年4月1日 至 2021年3月31日）
当期純利益又は当期純損失（△）	14,105	△32,054
その他の包括利益		
その他有価証券評価差額金	△1,765	13,754
繰延ヘッジ損益	△530	△545
為替換算調整勘定	△15,855	19,698
退職給付に係る調整額	△2,641	22,384
持分法適用会社に対する持分相当額	1,618	△2,780
その他の包括利益合計	※1 △19,173	※1 52,511
包括利益	△5,068	20,457
（内訳）		
親会社株主に係る包括利益	△6,306	21,269
非支配株主に係る包括利益	1,238	△812

KOYAMASHIKI

小山式*!*

P/Lのチェックのしかた

1. 売上高で会社のボリュームを見る
2. 利益が出ているか⇒特に営業利益、粗利、経常利益、最終利益の順番
3. 販管費以降で大きな費目をチェック
4. 特別項目をチェック⇒異常な損失がないか

で、次の「株主資本等変動計算書」は無視していい財務諸表で、そのあとP.120〜121にC/Sがありますね。

「3つのCF」のプラスマイナスを見るんでしたね。えっと、営業CFはプラス。投資CFはマイナス。財務CFはプラス。だから……本業で稼いで、投資をしていて、借金も返していると。てことは、P.107の6つの分類だと、②だから優秀じゃん！

…………アレ？　いま、私、財務諸表を分析している？　自分が信じられない！！！（驚）

すばらしい成長！！！

財務諸表ってあくまでもデータの羅列なので、これをもとに、さらに会社の状態をくわしく分析する方法をPART4でお伝えしますね。
ただせっかくなので強調しておきたいのが、実は**有報で大事なのって前半部分**なんです。財務諸表より後ろのページは、備考みたいなもの。

えっ、そうなの？　前半って、文字がいっぱいのところですか？

はい。もくじを見るとわかりやすいんですけど、有報で最初に見るべきは、「企業の概況」という最初の章の、1番最初に出てくる「主要な経営指標等の推移」です。
実はここに財務諸表の主要な数字と、投資家が気になるであろう財務分析の結果もすべて書いてあるんです。

へ〜っ！　「謎解きは前文にアリ」ってことか。これは便利♪

で、次に大事なのが「事業の状況」です。ココに「その会社はいまどんな課題を抱えているのか？」とか、「この業界のマーケットがどんな感じなのか？」とか、「どんな長期戦略で動いていて、今ってどのステージにいるの？」とか、「どんな数値目標を掲げているのか？」とか、かーなーり丁寧に説明してあります。

それって、財務諸表だけじゃわからない?

 わかりません。**もしどこかの会社の株を買いたいなら、数字を見るだけじゃなく、有報をちゃんと読んで総合的に判断したほうがいい**です。

なるほど～! めっちゃよくわかりました!

株を買うなら、有価証券報告書のココを見よう!

投資家なら、この順番で有報をチェック!

①主要な経営指標等の推移→財務諸表の主要な
　数字と財務分析の結果がまとまっている

②事業の状況→会社の課題や市場分析、販売戦
　略など細かく説明している

③財務諸表の細かい数字は、最後でOK!

知識ゼロでもサクッと!
決算書を読めるようになろう!

④【連結キャッシュ・フロー計算書】

**キャッシュフロー
計算書(連結)**

**コッチが
今年度の分**

(単位：百万円)

	前連結会計年度 (自 2019年4月1日 至 2020年3月31日)	当連結会計年度 (自 2020年4月1日 至 2021年3月31日)	
営業活動によるキャッシュ・フロー			
税金等調整前当期純利益	49,282	2,202	
減価償却費	92,269	89,765	
減損損失	797	1,355	
貸倒引当金の増減額（△は減少）	△62	847	
製品保証引当金の増減額（△は減少）	△11,099	△6,664	
退職給付に係る負債の増減額（△は減少）	2,669	2,796	
受取利息及び受取配当金	△7,449	△5,173	
支払利息	6,132	8,034	
持分法による投資損益（△は益）	△19,714	△6,622	
有形固定資産除売却損益（△は益）	3,536	4,383	
投資有価証券売却損益（△は益）	△413	△120	
売上債権の増減額（△は増加）	18,334	5,785	
たな卸資産の増減額（△は増加）	△50,871	30,051	
その他の流動資産の増減額（△は増加）	14,403	△6,113	
仕入債務の増減額（△は減少）	△61,553	△6,864	
その他の流動負債の増減額（△は減少）	△4,130	19,591	
その他	△2,750	△4,467	
小計	29,381	128,786	
利息及び配当金の受取額	30,766	23,452	
利息の支払額	△6,226	△7,730	
法人税等の支払額又は還付額（△は支払）	△28,078	△30,004	
過年度法人税等の還付額	8,991	5,554	
営業活動によるキャッシュ・フロー	34,834	120,058	**1**
投資活動によるキャッシュ・フロー			
定期預金の純増減額（△は増加）	60	759	
投資有価証券の取得による支出	△5,620	△255	
投資有価証券の売却及び償還による収入	1,063	1,785	
有形固定資産の取得による支出	△107,549	△71,776	**4**
有形固定資産の売却による収入	1,476	1,462	
無形固定資産の取得による支出	△14,809	△14,263	
短期貸付金の純増減額（△は増加）	274	263	
長期貸付けによる支出	△2,748	△587	
長期貸付金の回収による収入	239	3,848	
その他	36	△98	
投資活動によるキャッシュ・フロー	△127,578	△78,862	**3**

(単位：百万円)

	前連結会計年度 (自 2019年4月1日 至 2020年3月31日)	当連結会計年度 (自 2020年4月1日 至 2021年3月31日)	
財務活動によるキャッシュ・フロー			
短期借入金の純増減額（△は減少）	△15	△120,121	
長期借入れによる収入	31,149	291,436	**4**
長期借入金の返済による支出	△28,052	△36,545	
社債の発行による収入	19,913	―	
社債の償還による支出	△20,000	―	
セール・アンド・リースバックによる収入	98	139	
リース債務の返済による支出	△4,805	△4,996	
連結の範囲の変更を伴わない子会社株式の取得 による支出	―	△17,831	
配当金の支払額	△22,042	△12,596	
非支配株主への配当金の支払額	△552	△137	
自己株式の純増減額（△は増加）	32	△1	
財務活動によるキャッシュ・フロー	△24,274	99,348	**3**
現金及び現金同等物に係る換算差額	△16,612	30,255	
現金及び現金同等物の増減額（△は減少）	△133,630	170,799	
現金及び現金同等物の期首残高	701,624	567,994	**2**
現金及び現金同等物の期末残高	※1 567,994	※1 738,793	

KOYAMASHIKI

小山式！

キャッシュフロー計算書のチェックのしかた

1 まずは、「営業キャッシュフロー」をチェック（本業で稼いでいるか？）。

2 現金残高と増減を見て、全体のお金の動きをチェック。

3 「投資キャッシュフロー」と「財務キャッシュフロー」のパターン（プラスかマイナスか？）を見る。

4 「投資キャッシュフロー」と「財務キャッシュフロー」のなかで金額の大きいところをチェックする。

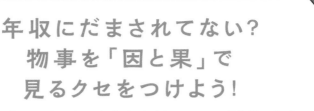

年収にだまされてない？ 物事を「因と果」で 見るクセをつけよう！

「年収 1000 万円なんです」という若手ビジネスマンや「会社の年商 10 億円」という社長さんに対して、「いいなー、お金持ち♡」と思ったりしていませんか？

私は、ちょっと待って！！　と言いたい。

年収も年商も P/L の「売上高」にあたる部分。売上高だけで会社の実態なんてわかりません。年商 10 億円と言っても、卸売の会社だったら「営業利益 2000 万円くらい」です。

年収のように、1 年のキャッシュの出入りがわかる P/L のほうがイメージはつかみやすいんですが、そこしか見ないのは典型的な「単眼的視野」。やっぱりどんな物事も「複眼的」に見て判断しないと、本質はつかみづらい。

婚活で「年収 600 万円」と希望する女性もいるようですが、相手の財務状態を知るなら、B/S を知るべきです。

年収 1000 万円でも借金まみれの人もいます。逆に年収 400 万円でも一生食っていけるスキルを持っているとか、有力者とのパイプがすごいとか、親が太い資産家かもしれません。「のれん」の観点（P.98）からもわかるように、いまの会社や環境では評価されていないだけで、目に見えない「超過収益力」（＝魅力やノウハウ・スキル、人柄やコミュニケーションスキル、営業力など）が、転職や起業など環境を変えただけで一気に花開く可能性も。

私も、起業してからは、会社員会計士のときに使う場面がなかった営業力やコミュニケーションスキルがめっちゃ活かされました。年収も上がりましたし。

物事のよい面だけでなく、因と果、表と裏を考えるのは、まさに複式簿記の考え方。そういう複眼的視野を持てば、「クリックすれば当たる」みたいな儲け話にも、かんたんには引っかからなくなりますよ。

会計思考を身につけよう！ ❹

PART

3

ゆる～く！
簿記のキホンを
学ぼう！

SECTION

1

POINT

ここが
ポイント!

簿記のキホン①
「借方」「貸方」って なに?

☐ 借方は「左」、貸方は「右」で覚える
☐ 「借り」の「り」は左にはらうから「左」
☐ 「貸し」の「し」は右にはらうから「右」

財務三表をカバーできたので、簿記の基本をサクッとやりましょう。

以前、会計ソフトをいじっているときに「借方(かりかた)」と「貸方(かしかた)」という項目に遭遇したことがあって、「誰から借りるの?」「誰に貸すの?」ってパニックになったんですけど……どういう意味なんですか?

ちょうどいい切り口なので、そこからやりましょう!

「借方」と「貸方」は複式簿記で仕訳をするときに必ず出てくる項目であり、概念なんですけど、簿記の勉強をする人がつまずくところです。**「借方」「貸方」を理解する最大のコツは、文字の意味を考えないこと!**

えっっっ? 無視していい???

はい、意味とか考えず、ただの記号、ただの矢印だと思ってください。**「借り」の「り」は左にはらいますよね。「貸し」の「し」は右にはらいますよね。だから「借方」が左、「貸方」が右。**私もコレで覚えました。

でもなぁ。なんでそんな言葉を使うようになったのか気になる……。

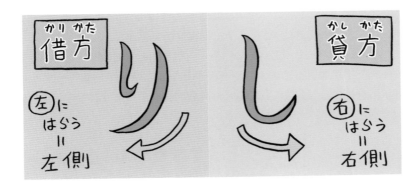

 じゃあ、説明しますね。

ルーツは「複式簿記」が生まれたイタリアです（P.38参照）。当時の銀行の慣習で、「銀行からお金を借りた人とその金額」を帳簿の左側に書いて、「銀行にお金を貸してくれた人（銀行に口座をつくってくれた人）とその金額」を右側に書いていたそうなんです。

 へ〜、最初は本当に「貸し借り」だったんですね。

 はい。その影響で、左側は「Debit（デビット）」、右側は「Credit（クレジット）」と言うようになったみたいです。

 あ！ デビットカードとクレジットカードか！

そうですね。Debit って「口座から引き落とす」という意味もあって、Creditは「口座に入れる」という意味もあります。
デビットカードって自分の口座から引き落として買い物をするときに使いますよね。一方のクレジットカードは、自分の財布に一時的にカード会社からお金を入れてもらって買い物をするようなものじゃないですか。

なるほど！ **「デビットって誰やねん！」** とずっと思ってたんですけど、そういう意味だったのか。

デビットは、人じゃないです（笑）。
その後、複式簿記が進化して、銀行だけでなく、一般の商業にも利用されて、かならずしも「借りる／貸す」「引き落とす／入れる」という分類の仕方ではとどまらないようになっちゃったんですね。

そこで、日本語で「デビット」と「クレジット」をどう訳そう……と悩んだのが、アメリカの簿記の教本を日本語に翻訳した福沢諭吉。

え！ 「複式簿記のすすめ」ですか。

いや、『帳合之法』って訳本なんですけど、彼が「借方」と「貸方」に訳して、それがずっと続いているんです。めっちゃ悩んだと思いますけどね。

なるほどーーー！　なんで意味がないのに、シンプルに左と右にしなかったんですかね。**諭吉ったら、ややこしい！**

すでに名前がついていたから勝手に変えられないということもあったと思いますけど、そもそも当時は縦書きの日本語に合わせて帳簿を上下に分けたそうなんですよ。現代風のノートみたいに、左右に書いていなかった。

「上」と「下」だったらそれはそれで混乱するな……（笑）。

なので、とにかく**借方は「左」、貸方は「右」**と覚えてください！

簿記のキホン②
「借方」と「貸方」は
常に同額！

☑ 複式簿記で仕訳するときは「借方」と「貸方」をセットで書く
☑ 貸方と借方の合計は、かならず同額になる
☑ お金のラベルのことを「勘定科目」と言う

「借方」と「貸方」って実際どういう場面で出てくるんですか？

基本的に複式簿記で「仕訳」をするときですね。

あ～、簿記の役目って「ひたすら仕訳して、記録する！」って説明してくれましたね（P.46参照）。

覚えてくれてましたか！　たとえば銀行から100万円借りたことを仕訳帳に記録するときは、こう書きます。

銀行から100万円借りたときの仕訳

【借方】	【貸方】
現金100万円	借入金100万円

そうだそうだ、家計簿とはちがって2種類書くんでしたね～。「めんどくさいな……」と思ったことを思い出しました（笑）。

でもココが会計を理解するうえで、超重要なところ！
あらゆる取引について「2つの経済事象」でとらえ、セットにして記録しておくのが複式簿記の「複式たるゆえん」ですからね～。

……ということは、あらゆる取引が、左の「借方」と右の「貸方」、両方に記入される？？？

そのとおり！　片方だけ記入するとかはダメです。
さらに鉄則として、**借方の合計と貸方の合計はかならず同じ額**じゃないといけません。「100万円」と「－100万円」みたいな組み合わせはNG。

う〜ん……ちょっとややこしいんだよなぁ。

って思いますよね。
そこで、その100万円が**どんな名目のお金なのかという「ラベル付け」が大事**になってきます。

そのお金のラベルのことを「**勘定科目**」と言い、ラベル付けのことを「**仕訳を切る**」とか「**勘定科目に落とし込む**」と言います。複式簿記独特のルールに従って行なうんですけど、そのルールを勉強するのが「簿記」なんです。

……たぶん、将来的に経理の仕事はしないと思うんで、私は知らなくてもいいっスよね？

いやいや（笑）。せっかくなので「仕訳のキホン」は説明させてください。むずかしくないですし、これがわかると「仕訳帳」と「総勘定元帳」の関係、そして「総勘定元帳」と「財務諸表」の関係が一気にわかりますので！

あ、結局、財務諸表とつながってくるんだ。じゃあちょっと勉強してみよっかな……。

> もっと知りたい！　**なんで「簿記」って言うの？**
> 簿記はなぜ簿記と言うのか？　それは「帳簿記入」からきているんですね！

SECTION

3

POINT

ここが
ポイント！

簿記のキホン③
「勘定科目」には
定位置がある!

☑ 会計の5要素＝資産、負債、純資産、費用、収益
☑ すべての勘定科目は、会計の5要素のどれかのグループに属する
☑ 5要素は定位置が決まっている（貸方か借方か）

仕訳の基本ルールを説明しますね。まず、会計にはいろんな勘定科目がありますけど、**すべての勘定科目は、定位置が借方（左）なのか、貸方（右）なのかが決まっています。**

より正確に言うと、勘定科目って「現金」「資本金」「固定資産」「交通費」とかいっぱい種類はあるんですけど、かならず**「会計の5要素」**と言われる**「資産」「負債」「純資産」「収益」「費用」の5つのグループのなか**で定位置が決まっているんです。次のように。

B/S項目の定位置はコチラ。

B/S

【借方】	【貸方】
資産 現金、売掛金、商品、土地、建物、権利、固定資産など	**負債** 買掛金、借入金など
それぞれの勘定科目は定位置が決まっている！	**純資産** 資本金、元入金など

P/L項目の定位置はコチラです。

P/L

【借方】	【貸方】
費用	収益
損失	利益

 5つのグループ名、「費用」と「収益」を除いたらB/Sじゃん。

 よく気づきましたね！　そうなんです。B/Sでも「資産」は左で、「負債」と「純資産」は右でしたね。
さらに言うと、「費用」と「収益」を使うのがP/Lなんです！

 ## おお〜、スゲエ！　簿記で、B/SとP/Lが出合った……!!

 でも仕訳を切るときはB/SとP/Lは一切意識しません。
たとえば「資産」と「費用」でペアになってもいいんですよ。あくまでも経済事象を2つの視点からとらえ、その勘定科目が5つのグループのどれにあたるか考えて、記入する。これが簿記のキホンです。

ではここで、さっき借りていた100万円を銀行に返しましょうか。

 借方に「現金−100万円」、貸方に「借入金−100万円」と書く？

 惜しい！　勘定科目が「増加」するときは定位置にそのまま書くんですけど、**「仕訳をするときはマイナス表記を使ったらダメ！」という決まりがある**ので、「減少」するときは定位置の反対に書くという独特なルールがあるんです。つまりこうなります。

銀行に100万円返すときの仕訳

【借方】	【貸方】
借入金100万円	現金100万円

 左右を入れ替えただけなんですね。

 そうなんです。**勘定科目が定位置と反対側に書いてあったら「マイナスなんだな」と思ってください。**

 でも、借金だったら利息も払いますよね？

 はい。その場合はこうなります。
「利息」は「費用」にあたるので定位置は左。費用が増加するので、そのまま左に書きます。

銀行に利息5万円をつけて、100万円返すときの仕訳

【借方】	【貸方】
借入金100万円 利息　5万円	現金105万円
↓ 105万円	↓ 105万円

合計が一致する！

 金額さえそろっていれば、ラベルの数は2対1でもいいんですね。

 そのとおり！　**左右が同額になるようセットになって記録されていればいいので、1対1である必要はありません。**別に貸方の現金105万円を「100万円」と「5万円」で分けて書いてもいいんですけど。

 # 思っていたより、あっさりわかっちゃいました♪

 でしょ？

SECTION

4

POINT

ここが
ポイント!

簿記のキホン④

よく使う仕訳は
「10パターン」だけ!

□ 仕訳は「25パターン」考えられる
□ でも、よく使うものは「10パターン」しかない

 仕訳のパターンってぜんぶで25種類あるんですけど、実は、よく使うものって10種類くらいしかないんですよ。

 そもそも、なんで25種類???

 「借方と貸方の組み合わせの数」です。

借方（左）として可能性のあるものって、定位置のものが増加する「**資産増加**」と「**費用増加**」、あとは反対側の貸方（右）の定位置のものが減少する「**負債減少**」「**純資産減少**」「**収益減少**」の計5つ。

貸方（右）は「**資産減少**」「**負債増加**」「**純資産増加**」「**費用減少**」「**収益増加**」の5つ考えられます。
借方と貸方の組み合わせは、5通り×5通りなので25通りですよね。

 そういうことか。

 そのうちよく使うのは、右上の10パターンです。

 えーと……私の仕事だと、4番目「商品を売る」と5番目「経費を払う」くらいしか使わないな。**2パターンだけでいける（笑）。**

よく使う仕訳の10パターン

	借方	貸方	例
1	資産+ 現金預金	負債+ 借入金	銀行からお金を借りる
2	資産+ 現金預金	純資産+ 資本金	会社を立ち上げて資本金を入れる
3	資産+ 固定資産	資産− 現金預金	固定資産を買う
4	資産+ 現金預金	収益+ 売上	商品を売る
5	費用+ 給料	資産− 現金預金	給料を払う、経費を払う
6	負債− 借入金	資産− 現金預金	借金を返済する
7	費用+ 仕入	負債+ 買掛金	買掛(ツケ)で仕入れをする
8	負債− 買掛金	負債+ 支払手形	買掛金を払うときに手形を振り出す
9	負債− 前受金	収益+ 売上	前受金の取り崩し
10	純資産− 自己株式	資産− 現金預金	自己株式の取得

そうですよね。シンプル。
たとえばタクシーの領収書を経理の人に渡すと、経理の人は仕訳帳を開いて、こんなふうに記入します。

えっと……交通費は「費用」だから定位置は左。それが増えるから左に書いてOK。で、現金は「資産」で、それが減るワケだから、定位置の反対に書くと……。なるほど！

タクシー代を1000円払ったときの仕訳

【借方】	【貸方】
交通費1000円	現金1000円

ところで、交通費を「費用」って書いたり、現金を「資産」って書いちゃダメなんですか？

ココは「グループ名」ではなく、ちゃんと「勘定科目」を書かないとダメ。たとえば売上が立ったとき、すぐに「現金」で払ってもらう場合もあれば、「売掛」でちょっと先に払ってもらう場合もありますよね？どんなカタチの資産なのかきちんと仕訳しておかないと、財務諸表はつくれません。

 じゃあ経理の人が仕訳をするときは「これは現金だ。現金ってことは資産のグループだ。資産のグループの定位置は左だ」みたいな発想でサクサク仕訳をしていくワケですね。

 そのとおり。**仕訳をするときに必要なのは、「あらゆる経済事象に対して、なにが動いてなにに変化したか」ということを正確にイメージすること**なんです。

 「借方」や「貸方」って言葉、財務諸表では出てこないんですか？

 基本的に出てこないです。ただ唯一の例外が、実はB/Sの……。

 ## あ、B/S って、「貸借」対照表だ！

 そう、この「貸借」って、借方と貸方から来た言葉なんですよ〜。

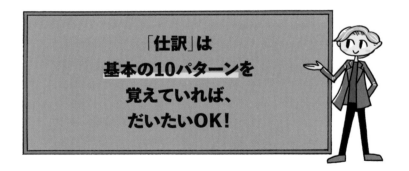

「仕訳」は
基本の10パターンを
覚えていれば、
だいたいOK!

SECTION

5

簿記のキホン⑤

試算表を経て
財務諸表になる

POINT

ここが
ポイント！

☑ 総勘定元帳から試算表をつくる
☑ 試算表は仕訳の正しさを最後にチェックする係
☑ 毎月試算表をつくることを「月次決算」という
☑ 試算表の上部がB/S、下部がP/Lに変化する

 以上が仕訳の流れです。一度おさらいすると、ある経済事象が発生したら仕訳帳で仕訳をする。仕訳した結果は、借方と貸方で分けられたカタチで「総勘定元帳」のほうに5つのグループごと、かつ勘定科目ごとにどんどん蓄積していくんです。

 はい。

 じゃあこの総勘定元帳をどうするのか？　なんですが、大半の企業では総勘定元帳をもとに「試算表：T/B（Trial Balance）」（試しにバランスするかチェックする表）というものを毎月つくっています。**試算表とは、かんたんに言えば「仮のB/SやP/L」というイメージ。**

試算表をつくる一番の目的は、「仕訳帳から総勘定元帳への転記にミスがないか？」をチェックすることなんですが、毎月試算表をつくることで、経営者としても毎月の財務状況や損益状況を把握できるので便利なんですよ。毎月試算表をつくることを**「月次決算」**と言います。

 試算表は表に出ない？

 出ません。でも試算表のつくり方を知ると、「B/SとP/Lがどうつくられているのか」が一気にわかるので、ちょっとだけ説明させてください。内容はかんたんです。

PART

1

2

3

4

5

ゆる〜く！
簿記のキホンを学ぼう！

試算表って3種類あるんですけど、全部つくってもいいし、そこは任意でOK。最初にやることは総勘定元帳に書かれている勘定科目ごとの合計金額を、貸方と借方のそれぞれで計算することです。

 総勘定元帳だと分別されているだけで、合計は出ませんもんね。

 そうなんです。こうやってつくる試算表のことを「合計試算表」と言います。で、このときに、借方と貸方の合計金額が一致するかをチェックすることにより、転記ミスや転記モレがないか確認します。

 え～!?　一致させるために、メンドイ思いをしながら、左と右を足並みそろえてきたのに!

 ぜんぶが手書きの時代ではないので、転記ミスがおきることって少ないんですけど、仕訳帳に書き込むときに借方と貸方のどちらか片方を書き忘れるとか、数字を間違えるとか、よくあるんですよ。
そういったミスに気づけるのが、「合計試算表」をつくる段階なんですね。

 たしかに……そもそも入力する値を間違えるとか、あるかも。

 で、合計試算表ができたら、次は借方と貸方の両方に記載されている金額を相殺して、残高をそれぞれの勘定科目の定位置に書きます。資産の部だったら左（借方）、負債の部だったら右（貸方）みたいに。
これでできるのが、2つ目の「残高試算表」です。

最後に「合計試算表」と「残高試算表」を合体させて、「合計残高試算表」というのをつくります。

 ついに第3形態が……!!

 実は、現代は会計ソフトでいきなり「合計残高試算表」を出して、チェックして、終わり……っていうのが実情ですね。

でも、せっかくなんで説明がてらつくってみましょう。ちょっと見てみてください。残高試算表で説明しますね。

残高試算表

借方残高	勘定科目	貸方残高
3,000	現金	
20,000	売掛金	
3,000	備品	
	買掛金	9,000
	借入金	2,000
	資本金	5,000
	売上	20,000
9,000	仕入	
800	給料	
200	支払利息	
36,000		36,000

 なんか……財務諸表っぽい？

 そうなんです。実はこれよ〜く見てみると、**勘定科目の一番上の「現金」から「資本金」までがB/Sにいく勘定科目**で、**「売上」から「支払利息」がP/Lにいく勘定科目**だってわかります？

 # あ！　ホントだ！

 ここで仮に残高試算表をB/SチームとP/Lチームに分けて（次ページ①）、さらに金額をグラフ化したものを考えてみましょうか。

ゆる〜く！
簿記のキホンを学ぼう！

残高試算表からB/S、P/Lを作成する流れ

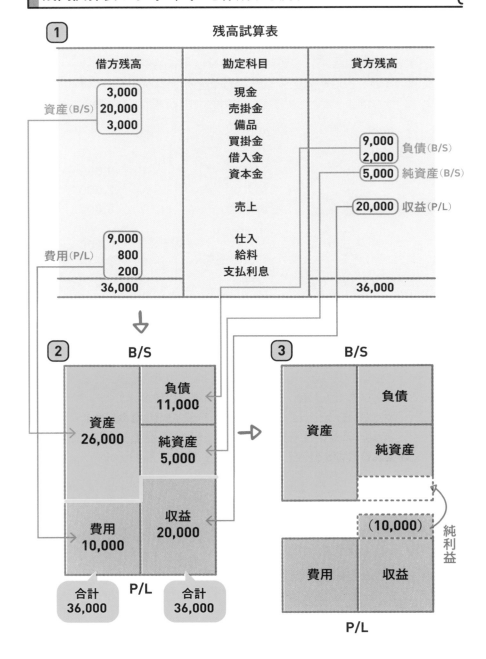

① 残高試算表

借方残高	勘定科目	貸方残高
資産(B/S) 3,000 20,000 3,000	現金 売掛金 備品	
	買掛金 借入金 資本金	9,000 負債(B/S) 2,000 5,000 純資産(B/S)
	売上	20,000 収益(P/L)
費用(P/L) 9,000 800 200	仕入 給料 支払利息	
36,000		36,000

② B/S

資産 26,000 | 負債 11,000
純資産 5,000

費用 10,000 | 収益 20,000

P/L

合計 36,000　合計 36,000

③ B/S

資産 | 負債
純資産
(10,000)

費用 | 収益 純利益

P/L

138

「借方」と「貸方」は一致するワケですから、グラフにしても高さは一致します。

ん……？　B/Sチームは左右の高さが違う（**②**）。左の資産のほうが高いですよね？

よく気づきましたね！
その差は何かというと、実はP/Lチームの「収益と費用の差」なんです。収益から費用を引いたものがP/Lの「純利益」で、その純利益がB/Sの利益剰余金に乗っかってくることでB/Sはバランスをする（**③**）と説明しました（P.84）が、実はこういう理屈なんです。

おぉぉ、ホントだ！　P/Lの純利益がB/Sと合体してバランスしてる！
超スッキリした！

ただ試算表には「固定資産」や「減価償却処理」といった細かい項目が入っていないので、財務諸表にするときはそれを最後に足すという作業をします。
C/Sが必要な場合は、そこからさらに現金だけに特化した書類をつくるんです。現金の動きだけ見たいワケですから。

すごい納得感！　経理の人ってこういうことをしていたんですね。ちょっと感動。

これが簿記の流れです。理解してもらえてよかった♪

残高試算表を経て、
B/SとP/Lができあがる！

SECTION

6

簿記のキホン⑥

簿記の資格では、なにを勉強するの?

POINT
ここが
ポイント!

☐ 3級:商業簿記
☐ 2級:商業簿記+工業簿記+連結会計
☐ 1級:商業簿記+工業簿記+連結会計+C/S

 ちなみに……簿記の資格ってどんな勉強をしているんですか?

 日商簿記で説明しますね。
3級の出題範囲は「商業簿記」って言われていて、つまりは「財務会計」のこと。仕訳の基本と総勘定元帳や試算表づくりまでカバーします。
2級からは「商業簿記」の難易度の高いバージョンに加えて、この本ではあまりカバーしないですけど「工業簿記」を習います。

 へ～、「工業簿記」なんてあるんですね。

 あるんですよ。2級の工業簿記でやるのは主に原価計算と、商業簿記とはまた別の、工業簿記用のB/SとP/Lのつくり方を習います。
あとは、連結決算の仕方(連結会計)ですね。

 へぇ。

 で、1級になると「商業簿記」も「工業簿記」も難易度が上がるんですけど、それに加えてC/Sが出題範囲に入ってきます。

 C/S(キャッシュフロー計算書)って、1級で出るんだ。

このたびは飛鳥新社の本をご購入いただきありがとうございます。
今後の出版物の参考にさせていただきますので、以下の質問にお答
え下さい。ご協力よろしくお願いいたします。

■この本を最初に何でお知りになりましたか
　1.新聞広告（　　　　　　　　　新聞）
　2.webサイトやSNSを見て（サイト名　　　　　　　　　　　　　　）
　3.新聞・雑誌の紹介記事を読んで（紙・誌名　　　　　　　　　　）
　4.TV・ラジオで　5.書店で実物を見て　6.知人にすすめられて
　7.その他（　　　　　　　　　　　　　　　　　　　　　　　　）

■この本をお買い求めになった動機は何ですか
　1.テーマに興味があったので　2.タイトルに惹かれて
　3.装丁・帯に惹かれて　4.著者に惹かれて
　5.広告・書評に惹かれて　6.その他（　　　　　　　　　　　　）

■本書へのご意見・ご感想をお聞かせ下さい

■いまあなたが興味を持たれているテーマや人物をお教え下さい

※あなたのご意見・ご感想を新聞・雑誌広告や小社ホームページ上で
　1.掲載してもよい　2.掲載しては困る　3.匿名ならよい

ホームページURL http://www.asukashinsha.co.jp

郵 便 は が き

63円切手を
お貼り
ください

1 0 1 - 0 0 0 3

東京都千代田区一ツ橋2-4-3
光文恒産ビル2F

（株）飛鳥新社　出版部　読者カード係行

フリガナ		性別　男・女
ご氏名		年齢　　　蔵

フリガナ

ご住所〒

TEL　　　　（　　　　）

お買い上げの書籍タイトル

ご職業　1.会社員　2.公務員　3.学生　4.自営業　5.教員　6.自由業
　　　　7.主婦　8.その他（　　　　　　　　　　　　　）

お買い上げのショップ名　　　　　　　所在地

私が見た未来 完全版

東日本大震災を予言していた幻の漫画を復刻改訂!

たつき諒[りょう][著]

61万部突破!!

幻の"予言漫画"復刻!!
本当の大災難は2025年7月にやってくる

978-4-86410-851-5／1,200円

謎に包まれた「私が見た未来」作者の原点!!

たつき諒選集1 怪奇
実体験ベースのミステリー
978-4-86410-872-0／1,320円

たつき諒選集2 幻想
世にも奇妙なファンタジー
978-4-86410-873-7／1,320円

たつき諒選集3 初恋
ちょっと歪んだラブストーリー
978-4-86410-874-4／1,320円

漫画家デビューから引退までの
作品をテーマ別に厳選した全3巻!!

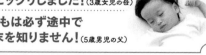

にゃんこの姿と一緒に四字熟語が浮かんでくると大評判！

にゃんこ四字熟語辞典2

西川清史 [著]

針小棒大

逃がしたネズミはこんなに大きかったにゃ

物ごとを大げさに言うこと。

気に入らないことがあって、心が穏やかでないこと。

不平不満

犯行現場

犯罪が行われたその場所。

世界で一番可愛らしくてほっこりできる四字熟語辞典 🐾

シリーズ累計 **22万部**

NEW

なぜ猫はこんなに可愛いのか？答えがここにある。

田中裕二 熱烈応援

にゃんこ四字熟語辞典2
978-4-86410-934-5／1,540円

凄い特殊な事してる!!! でも凄い理解しやすい!!! なんやこれ!!!

山内健司 強力推薦

にゃんこ四字熟語辞典
978-4-86410-877-5／1,540円

実はそうなんです。1級までとれたら、就職や転職はかなり有利になるでしょうね。

 せっかくだし……挑戦しちゃう……？　いや、難易度的にはどうなんだ？　先生、たとえば私が今から受けるとしたら受かります？

 3級なら、1週間くらいガッチリ勉強すれば受かるんじゃないかな？

2級はどうだろう……。3か月から半年間勉強すれば、いけるかな〜。
資格の専門学校のTACが発表している難易度ランキングで見ると、日商簿記2級って「宅地建物取引士」「通関士」「プライベートバンカー」「米国税理士」「BATIC（国際会計検定）」なんかと同じランクです。

 ……なんか急にハードル上がったような。名前のせいかな（笑）。

 1級になると、さすがに1年、2年はかかるかもしれませんね。
2級との差が大きくて、難易度的には「社会保険労務士」「米国公認会計士」「行政書士」「中小企業診断士」「建築士1級」みたいな資格と同等です。難易度はかーなーり高め。
「経理のプロに、オレはなる！」 という強い意志がないと、勉強自体が続かないと思います。

 意志……ぜんぜんないです。とるなら、3級でいいや（笑）。

 大半の人は学生時代に3級をとって、会社で実務経験を積みながらステップアップしていくパターンがほとんどです。
もし学生で難易度の高い簿記1級をとる覚悟があるなら、いっそのことお金関連のマスター資格の公認会計士をめざせばいいのに！　と思っちゃいますけどね〜。

目先の現金より、将来のリターン？ 学費は「減価償却資産」と考えよう

公認会計士の専門学校って、学費が 80 万円くらいします。

YouTube をやっていると若い人からめっちゃ相談を受けるんですよ。「80 万円も払えません」って。

高い学費。これは「浪費」になるでしょうか、それとも「投資」？

私はほとんどの場合、「投資」になると考えています。

私の大学生時代は、学費のためにバイトをして、さらに奨学金も借りてと、本当にお金に余裕のない「ただの大学生」でした。ビンボー生活をしながら大学だけでなく、公認会計士資格取得のため"資格の学校 TAC"にも通いました。

お金も時間も有限だったので、短期決戦！　と決めて、テレビを捨てて、サークル活動や合コンなどの華やかさとも無縁の、寝るとき以外は勉強漬けの毎日でした。

「これだけ投資したんだから、ヤバい。絶対にモノにせんと……！」と覚悟も決めていました。

たしかに、学生目線で「いまの現金」という尺度で考えたら高いかもしれません。

だけど、その 80 万円を「会計思考」でとらえ直すと、「80 万円の減価償却資産」に投資しているのと同じこと。

おかげさまで私自身、公認会計士としてしっかり稼がせてもらっていますし、かつての「ただのビンボー学生」が今や母校の TAC で「教える先生」の立場になったワケで。

投資額をはるかに上回る経済的リターンを得ています。

仮に公認会計士の資格を取って 10 年間働くとしましょう。80 万円を投資の効果が及ぶ 10 年の期間で減価償却したら、80 万円÷10 年で、年間 8 万円。

　公認会計士の初任給は、だいたい500万円くらい。10年目だったら800〜1000万円くらいですから、日本の平均年収との差額で考えれば、余裕で回収できます。

　それでも払えない……と言うなら、100歩譲って1年分の8万円を12カ月でわってみましょう。すると、ひと月6600円。日わり（1日）にしたら、1日220円。ペットボトルのジュースとお菓子くらいです。

　10年の間に得られる効用を考えずに、「今の現金が出ていく、イヤだ〜」という事象にしか目がいかないのは、少し短絡的で、単眼的。コレって、単式簿記の現金主義そのものなんです。

　お金や時間には、適切な使い方があります。

　会計思考を使い、「目の前の80万円の投資でどのようなリターンが得られるだろう？」と考え、実行すべきかじっくり考えてみることをオススメします。

会計思考を身につけよう！ ❻

キャッシュポイントを増やすなら、
まずはスペシャリストをめざせ

よくお金の本などで、「収入を増やしたいなら、蛇口を増やせ」みたいなことが言われています。あれは、「キャッシュポイント」のことを指しています。

でも、コレって、本業で「安定して稼げている」がまず条件になるべきだと思うんですよ。1つのジャンルでちゃんと成果を出せていないのに、いろいろ同時にやるのはNGかな、と。やっぱりまずはどこかで一本立ちすることが大事。

世の中で活躍する「マルチクリエーター」と呼ばれる人って、じつは「人には負けない、なにか突出したスキル」を最低でも1つは持っている。すべてが中途半端だと、「器用貧乏」にはなれるけど、ただ時間だけムダに消費するおそれがあります。

私も、まずは自分のストロングポイントである「会計の知識」を軸に、事業を拡大していきました。ただそこで気をつけたのは、最初のフェーズでは「作業者」としてがんばって、成果が出始めたら「教育者」としてがんばり、人が育ったら「経営者」としてがんばるということ。
会計でたとえるなら、①「フロー重視」⇒②「キャッシュフローの黒字化重視」⇒③「ストック重視」で、また①「新しい事業のフロー重視」に戻る……といった流れです。

なぜなら時間は有限で、人間1人にできることなんて限られているから。その点、経営者になれば、経営者の裁量でいろんな人の時間や才能を使えるようになるわけですね。
でもやっぱり大事なのは「まず事業を軌道に乗せること」なので、最初のうちは一点集中のほうがいいと思います。
すでに会社員をしているなら、会社員プラス副業は1つ、といった具合ですね。

スルッと！
管理会計の定番手法
を覚えよう！

SECTION

1

POINT

ここが
ポイント！

「経営改善」のための分析テクニックを知ろう！

- ☑ 管理会計の用途は「原価計算」「財務分析」「予算管理」「原価管理」などいろいろ
- ☑ 財務分析では「収益性」「安全性」「成長性」「生産性」「効率性」などを見る
- ☑ 管理会計で使うのは、「小学生レベルの算数」でOK

次は**管理会計**を説明しますが、まずは管理会計が生まれた経緯から。財務会計をおさらいすると、会社のいろんな数字を財務諸表に集約して、外部に報告するまでの世界でした。**どんぶり勘定と比べたら、財務諸表があることで会社の実態が100倍わかるようになりました**よね。

財務諸表の数字を通して、会社の中身がよ〜く見えました！

ただ、企業が大きくなったり、ビジネスがどんどん複雑になってくると、「もっと効率よく会社を経営したい！」「儲かりそうな会社を見つける方法を知りたい！」といった欲が出てくるワケですよ。

人間は貪欲ですね〜。財務諸表の数字だけじゃ足りんと。

そうです。そこで頭のいい人たちが集まって、会社の数字をアレコレ分析するテクニックを考え始めた。「財務諸表のこの数字とこの数字をわったら、会社のこんな傾向がわかるんじゃないか？」なんてことをね。

だから**管理会計って「財務会計」みたいに体系だったものではなく、いろんな人たちが編み出してきたテクニックの総称**なんです。
管理会計の主な用途は、大きく「**原価計算**」「**財務分析**」「**予算管理**」「**原価管理**」に分けられるんですけど、みなさんに特に知っていただきたいのは「財務分析」です。

分析……ニガテそうなヤツがきたな〜（汗）。

 むずかしく考えず、**財務諸表の数字を決められた計算式に入れて、「経営状態を丸はだかにして、未来を見通す」ための道具**だと思ってください。

 丸はだか？　わかるようでわからない（笑）。

 たとえば学校のテストで採点されて自分の学力が客観的に数字で「見える化」されたものが、「財務諸表」だとすると、「財務分析」は、さらに踏み込んで、「あなたはこういう問題を間違える傾向がある」「あなたの強みはココ」といった分析をガンガンしていくことです。

 ほほぅ、なるほど。

 会社の場合、財務分析は主に「**収益性**」「**安全性**」「**成長性**」「**生産性**」「**効率性**」という5つの視点で分析することが多いです。

管理会計を日常的に使うのは、会社のなかでも比較的重要な決断を下さないといけない立場の人や経営のアドバイスをするコンサルタント、お金を貸し出す銀行、会社の目利きをしないといけない投資家などですね。

 # ちょ……レベルたけぇ（汗）。

 いや、でも社会人で経営にちょっとでも興味がある人なら絶対に知っておいたほうがいいですよ！　今回は管理会計の基本である財務分析を中心に、ベーシックな手法をいくつか紹介していこうと思います。

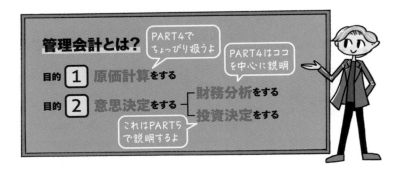

スルッと！
管理会計の定番手法を覚えよう！

いろいろな種類がある「収益性分析」

POINT ここがポイント!

☑ 簡単に収益性をチェックする方法は「売上高利益率」
☑ 「売上高利益率」は主に4種類ある。粗利率もその1つ
☑ 企業の総合的収益性をチェックするなら「ROE」や「ROA」

 企業ってやっぱり儲けてナンボなので「会社の儲ける力」を見る「**収益性分析**」は経営者としても投資家としても大事です。
ただ使う指標って実はめっちゃあるんですよ。

直感的にわかりやすいヤツからいきますね。
P/Lの数字からわり出せる「**売上高利益率**」というものがあります。
と言っても、これは総称です。
分母にはすべて「売上高」がくるんですが、分子にはそれぞれ「売上総利益（粗利）」「営業利益」「経常利益」「純利益」がくるので、計4種類。

「売上高利益率」の一覧

① 売上高総利益率（粗利率） $= \dfrac{売上総利益}{売上高}$

② 売上高営業利益率 $= \dfrac{営業利益}{売上高}$

③ 売上高経常利益率 $= \dfrac{経常利益}{売上高}$

④ 売上高当期純利益率 $= \dfrac{当期純利益}{売上高}$

PART2で話のあった「粗利率」もそうなんですか？

 はい。正式名称は「売上高総利益率」もしくは「売上高粗利率」と言います。で、これと同じように**「売上高に対して営業利益が何％か？」「経常利益が何％か？」「純利益が何％か？」を計算すると、その会社の収益性がざっとつかめる**ということです。

 こういう数字って業界によって異なるという話でしたよね？

 そうなんです。なので、これらの数字を単体で把握するだけではあまり「分析」にはなりません。競合他社や業界平均と比較したり、時系列の変化をチェックする……といった感じで使います。

 # 了解です！

 今説明した売上高利益率ってP/Lだけで完結するもので、ある意味、表面的な指標でもあるんですね。ガチの投資家になってくると、その会社の持っているB/S的な要素をどう効率的に利益に変えているのかという、「総合的な収益力」みたいなものが知りたくなるんです。

 総合的な収益率……？

 コレ、「資本効率」と言います。「いくら資本を投下して（B/S）、いくら収益を上げたのか（P/L）」を確かめる指標ですねー。

 その「資本効率」を知りたいガチ勢はどうしたらいいんですか？

 よく使われるのが「**ROE（Return on Equity）：自己資本利益率**」という指標。このROEが低いと株主総会で株主から経営者の退陣が要求されるくらい、けっこう重要視されている数字です。

ROE

$$\frac{当期純利益}{自己資本}$$

 へえ。そう言われると急に重みを感じますねぇ。

計算式はシンプルで、**当期純利益を自己資本でわっただけ**です。厳密には「自己資本」のなかの「株主資本」だけを使うので、「**株主資本利益率**」という呼び方もします。

 ふんふん。

 あと似た指標では「**ROA**（Return on Assets）」というものもあって、こちらは**当期純利益を総資産**（=総資本）でわったものです。
ROEとROAは次の節でも解説しますね。

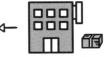

ROE	ROA
「資本を提供する」株主の観点からの収益	「資本を利用する」企業の観点からの収益

資本を出す株主　　　　　　　資本を利用する企業

ROA, ROEの関係

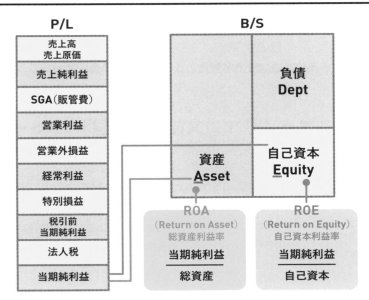

SECTION

3

POINT

ここが
ポイント！

会社の安全性の
指標になる
「自己資本比率」って？

☑ 自己資本比率＝純資産／総資本
☑ B/Sの右側で、「自分たちのお金」が占める割合のこと
☑ 「40%以上」が安全の目安
☑ ただし負債が悪いというワケではない

 まずは財務分析のド定番からいきましょうか。会社の安全性を見る指標として、「自己資本比率」というものがよく使われます。

 安全性？？？　労災が手厚いとか？

 失礼しました。会計の世界で「安全」とは、イコール「倒産しにくいこと」だと思ってください。

 自己資本比率かぁ……。な〜んか聞いたことあるんですよね。

 めっちゃ有名です。自己資本比率ってどういう数字かと言うと、「会社が持っている資産のうち、返さなくていいお金が何%あるか？」ということです。「自己資本」を「総資本」でわると、計算できます。

 まぎらわしい……。総資本ってなんでしたっけ？

 B/Sの右側って「負債（他人資本）」と「純資産（自己資本）」に分かれていましたよね。「総資本」は、その合計です。「**全体の資本に対して、自分の資本が何割か？**」という話で、むずかしくありません。

自己資本率

$$\frac{自己資本}{総資本}$$

PART

1

2

3

4

5

スルッと！
管理会計の定番手法を覚えよう！

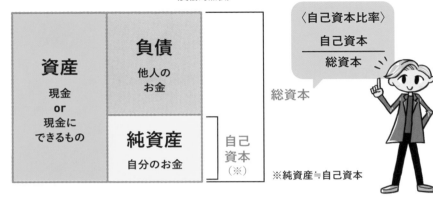

B/S
(貸借対照表)

〈自己資本比率〉

$$\frac{自己資本}{総資本}$$

※純資産≒自己資本

一般的に自己資本比率は、40〜50%だと望ましいとされています。逆に言えば、「返さないといけないお金が60%を超えると、安全性は危なくなるよね」ってことですね。

ふーん。じゃあ40%に満たないと倒産するんですか？

そういうワケではありません。
ソフトバンクの自己資本比率は15〜20%ですが、潰れる気配ゼロです。
会社の成長段階によっては大きな借り入れをしないといけない場面もあるので、あくまで「中長期的な安定性を見る1つの指標」と考えてください。
そもそも自己資本比率が60%あっても、潰れる会社は潰れます。

まぁねぇ……自戒を込めて言いますけど、借金はしないほうがいいものですよね……（遠い目）。

会社の場合は、そうとも言い切れないですね。**借金って、ニッチもサッチもいかないからお金を借りる「守りの借金」と、いち早く成長するためにお金を借りる「攻めの借金」の2種類があるんですよ。**

攻めの借金？

具体的に言うと**「時間」を買うための借金**かな。
レベルアップがめんどくさくてゲーム課金するとか、YouTubeの広告を見る時間がムダだからプレミアム会員になるとか、ぜんぶ「時間」を買っているワケです。

個人にとっても会社にとっても、時間って「超貴重な資源」なんです。
たとえば、事業を大きくするために工場建設費として100億円必要だとします。借金をしない場合、毎年の儲けの一部をコツコツ貯めないといけない。そこで、100億円貯めるのに10年かけたとしましょう。10年もたったら、市場の状態も経済状況もまるっきり変わっている可能性が高い。工場を建ててもビジネスがうまくいくかわからないですよね。

あっという間にトレンドは変わっちゃったりしますからね〜。

一方で借金をうまく使う会社は、ビジネス的に「よっしゃ、いまや！」と思った「攻めのタイミング」で工場をつくることができる。
たしかに利息は払う必要があるし、ビジネスが失敗したら借金だけが残るリスクはあるけれど、**「10年間待つ」というプロセスを省略したワケですから、利息分で「時間」や「スピード」を買った**とも言えませんか？

「時間を買う」かぁ……。たしかに、目端の利く経営者は、判断が早いですよね。すげー納得しました。

その典型が、さっきも引き合いに出したソフトバンクですよね。ボーダーフォン社、スプリント社の買収のときは、それぞれ約1兆8000億円、アーム社買収にいたっては3兆3000億円の借金をしています。

さんちょーえん！！！　国家予算か！

並みの経営者だとビビってできないけど、孫正義さんのような超一流の経営者になると、「買収によって得られるリターンが利息分を上回るなら、さっさと借りたほうがオトクやん！」という判断が下せるんです。ちなみにアーム社は、2020年に約4兆2000億円で売却しています。

9000億円の差額かぁ……。スケールでかすぎやろ〜！（汗）

だから、借金が悪い！とは一概には言えません。「いかにうまく使うか？」に、経営者のセンスが出ますね。

もっと知りたい！

● 「流動比率」で安全性は測りづらい？

簡易的に企業の安全性を判断する「流動比率」というものがあります。これは、「流動資産が流動負債の2倍になれば安心」というもの。

「$\dfrac{流動資産}{流動負債}$ ＝ 200%」が、「安全性の目安」と言われています。

「2倍」の根拠としては、「自由のきく現金を借金の2倍も持っていれば、非常事態になっても借金は返せるだろう」という考え。

そのため、多くの本やサイトでは、「流動比率200%の会社株は、買い！」といったことがよく語られています。

B/S

① 流動資産	② 流動負債

ただ、投資家目線であえて言うと、安全性ばかり気にして、巨額の現金を「寝かしておく」のは微妙だと感じます。事業拡大への意欲が見えないと、配当も期待できませんから。

SECTION

4

POINT

ここが
ポイント!

資金的なゆとりがわかる 「フリーキャッシュフロー (FCF)」

☑ C/Sの営業CFと投資CFを合算した額がフリーキャッシュフロー(FCF)
☑ FCFがプラスかどうかは超重要な指標
☑ FCFがプラスだと、借金の返済やさらに投資できる余地がある

 キャッシュフロー計算書（C/S）を使った「企業の収益性や安全性を判断できる、シンプルかつ超重要な財務分析の方法」があるので紹介しましょう。

 シンプル＆エレガントな分析……! 教えてください!!

 PART2でC/Sには「営業キャッシュフロー」と「投資キャッシュフロー」と「財務キャッシュフロー」があると言いましたよね。**このうち「営業キャッシュフロー」と「投資キャッシュフロー」を合算したものを「フリーキャッシュフロー」と言います。略して「FCF」。**
このFCFがプラスになっているかというのも、**大事な指標**なんです。

 営業キャッシュフローと投資キャッシュフローを足してプラス？ なぜ重要なんですか？

 FCFがプラスということは、本業で儲けたお金を投資に回したあとでも、手元に自由に使える現金が余っているぜ！ ってことだからです。**財務諸表を見るとき、一番大事な数字かもしれません。**

家計簿にたとえれば、毎月の給料から生活に必要なお金を全部支払い、さらに書籍代とか習い事代みたいな自己投資を全部やったあとでも、まだお金が余っている状態です。

おおお、わかりやすい！

C/S
（キャッシュフロー計算書）

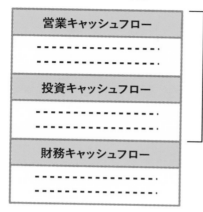

営業キャッシュフロー

- - - - - - - - - - - - - - - - - - -
- - - - - - - - - - - - - - - - - - -

投資キャッシュフロー

- - - - - - - - - - - - - - - - - - -
- - - - - - - - - - - - - - - - - - -

財務キャッシュフロー

- - - - - - - - - - - - - - - - - - -
- - - - - - - - - - - - - - - - - - -

**2つを足したものが
フリーキャッシュフロー
（FCF）**

C/Sの「6つのステージ」（P.107）を思い出してもらうと、**一番理想的な
形は、「営業CF　＋、投資CF　－、財務CF　－」のカタチ**だと言いま
した。**本業で稼ぎ、投資を積極的にしていて、借金も返せている状態。**

理想的な状態だ……（ウットリ）。

FCFは最初の2つのキャッシュフローを合算したものなので、たとえば
営業キャッシュフローが＋10億円で、投資キャッシュフローが-7億円
だったら、FCFは＋3億円になると。
この3億円があるから、財務キャッシュフローをマイナスにできる、つ
まり借金を返済するゆとりが生まれるワケじゃないですか。もしくはさ
らなる投資をする余裕もある、と。

あ、そうか。営業キャッシュフローがプラスでも、それ以上の現金を投
資に回していたらFCFはマイナスになりますもんね。

そういうこと。すると会社が持っている現金がどんどん減っていくワケ
ですから、運転資金や投資のためのお金を調達するために新たに借り
入れをしないといけないかもしれない。それが（P.107の図）②の「営業
キャッシュフローが＋、投資キャッシュフローが－、財務キャッシュフ

ローが＋」というケースでしたね。

ありゃ、借金が増えちゃった。

企業にお金を貸す側とすれば、その企業のFCFがちゃんとプラスになっているかどうかというのは、「経営がうまくいっているかどうか」「ちゃんとお金を返してもらえそうか」を図る重要な指標になるんです。

さらに、FCFは株主にも使えます。FCFがプラスということは株主に配当がでる可能性が高いことを意味しますし、伸び盛りの会社であればもっと投資を増やすかもしれないと推測できるので、投資判断でよく使います。

「優良な投資先」を選ぶときにも使えるんだ。メモメモ……。

さらにさらに、FCFの役割はまだあります。
それが、企業を買収するとき。**その企業が「将来生み出す価値」を測る目的でも使える**んです。これについてはPART5でまた説明しますね。

超便利じゃん、FCF……!!　コレは覚えておかなきゃ。

財務分析をするときはFCFという数字が、1つの超重要なカギになるんですけど、「この会社のFCFっていくらかな?」と思っても、**財務諸表を見ても、直接書いていない**」というのがポイント。足すだけなので、自分で計算して、確認しましょうね!

フリーキャッシュフロー(FCF)を確認しよう!

キャッシュフロー計算書(C/S)の
「営業キャッシュフロー」と
「投資キャッシュフロー」を足したもの。
これがプラスになると、企業として優秀とわかる。

SECTION 5

POINT
ここが
ポイント!

「ROE」は
3つに因数分解できる!

☑ 企業の総合的収益性をチェックするなら「ROE」や「ROA」
☑ ROE=当期純利益／自己資本×100
☑ ROA=当期純利益／総資産×100

次に、ROEをくわしく解説します。
ROEの式は「純利益÷自己資本」でしたよね (P.150)。実はこの式って、3つの要素に因数分解できるんです。こんなふうに。

ROEを求める式

$$ROE = \frac{当期純利益}{自己資本}$$

$$= \frac{当期純利益}{売上高} \times \frac{売上高}{総資産} \times \frac{総資産}{自己資本}$$

え? ちょ……待って待って! なんか急に増殖した!?

あ、スミマセン (笑)。わざと増殖させたんです。
「ROEを上げるためにはどんなことを意識すればいいのだろう? ROEを構成する因子ってなんだろう……うーん、うーん」と一生懸命考えた人がいて、その人がROEを上の式のように因数分解したんです。実際、計算してみると、数学的にはイコールですよね?

えっと……。まぁたしかに、相殺されてイコールになりますね。

じゃあなにに分解したかというと、①「売上高当期純利益率」、②「総資産回転率」、③「財務レバレッジ」です。

ケミカルメーカーのデュポン社の経営で使われていたので、この分析手法のことを「**デュポン分析**」と言います。

カンタンに言うと、「これら3つの率のどれかを上げれば、ROEも上がるよ」ということ。 たとえば②と③が同じ値で、①だけ2倍になれば、ROEも2倍になりますよね？

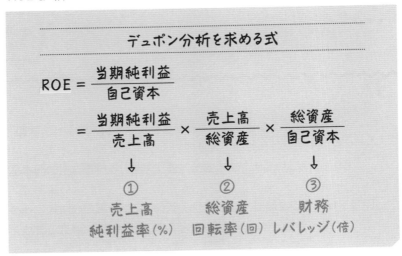

デュポン分析を求める式

$$ROE = \frac{当期純利益}{自己資本}$$

$$= \frac{当期純利益}{売上高} \times \frac{売上高}{総資産} \times \frac{総資産}{自己資本}$$

↓	↓	↓
①	②	③
売上高 純利益率(%)	総資産 回転率(回)	財務 レバレッジ(倍)

じゃあ1つずつ見ていきましょう。

まず①「売上高当期純利益率」。上のとおり、「純利益を売上高でわったもの」です。コレってP.148で説明したばかりの売上高利益率の1つですよね？ **「利益率が高い」ってことは、イコール「いかに付加価値の高いビジネスをしているか」の指標になります。**

ホントだ。

②の「総資産回転率」は、**「会社が持っている総資産を、どれくらい売上高に変換できているか」**といった意味を持つ数字です。

資産って現金や土地、機械だったりするワケですけど、持っている資産をフル活用できていれば回転率は上がり、逆に寝かせたままなら「宝の持ち腐れ」で回転率は落ちます。資産効率を図る大事な指標です♪

③の「財務レバレッジ」は「総資産／自己資本」と書いてありますけど、「総資産（B/Sの左側の合計）＝総資本（B/Sの右側の合計）」ですから、実は「総資本／自己資本」と同じですよね。

つまり財務レバレッジは、**「総資産が自己資本の何倍か」という意味**になります（※他人資本〈借入〉の利用がROEの増減に影響を与える）。

アレ？　「自己資本比率」（P.151）と一緒ですか？

分子と分母を入れ替えた逆数の関係です。
総資産が10億円で自己資本が2億円の場合、「自己資本比率」だと20％、「財務レバレッジ」だと5倍になります。

どのあたりが「レバレッジ」なんですか？

株主資本という「テコ」を使って、「どれだけデカイ借り入れをしているか？」の目安になるんです。借り入れが多いほど総資本（総資産）がふくらみますよね。総資産がふくらむほど、財務レバレッジは大きくなります。

あまりに大きいとリスクが大きく、あまりに低いとレバレッジをうまく活用できていないと判断されるので、落としどころはむずかしい。

そういうことか。

はい。**この3つの因子のうち、特に大事なのが①「収益率」と②「資産の回転率」です。これらの数字が高いと「うまく資産を活用して、利益を生み出している」ことになるから**です。

実はこの①と②を合体させた指標が、さっきサラッと触れた「ROA」なんですよ。「当期純利益／総資産」。

お！　伏線を回収されたときの爽快感♪

ROEをチェックするときはROAも合わせてチェックするといいですよ！　もし**ROAが低いのにROEが高いなら、財務レバレッジでかさ上げをしている「見せかけだけのROE」**である可能性があります。

SECTION 6

どこまで育つ?
「会社の成長性」を
調べてみよう!

POINT
ここが
ポイント!

☑ メジャーなのは「売上高増加率」と「総資産増加率」
☑ 増加率とは「今期増えた額」を「前期の総額」でわったもの
☑ 「増加率100%」とは「2倍になった」という意味

 次は「会社の成長度合いの調べ方」を紹介しましょう。やっぱり経営者の手腕は、「会社を成長させられるか」にあらわれると思うんですよ。

経営者に最終的に求められることは「利益を出すこと」なので、コスト削減を進めて、利益率を上げることも大事です。でもそれって、できることに限界がある。となると、**「会社の規模自体を拡大していく成長性」って、重要な指標になる**んですよ。

 節約するより、大きく稼げ！　ってことですね。成長性をあらわすものって、たとえばどんな指標があるんですか?

 管理会計でよく使われるのは、売上高の増加率を見る①「売上高増加率」と、総資産の増加率を見る②「総資産増加率」の2つ。いずれも「今期増えた額」を「前期の総額」でわった値です。

会社の成長性を知るためのもっともベーシックな指標

$$①売上高増加率_{(\%)} = \frac{(当期売上高-前期売上高)}{前期売上高} \times 100$$

$$②総資産増加率_{(\%)} = \frac{(当期総資産-前期総資産)}{前期総資産} \times 100$$

えー……と。具体的な話がないと、わかんない……（涙）。

 ちょっと、①「売上高増加率」を計算してみましょうか。

たとえば、前年の売上高が10億円で今期の売上高が12億円なら、売上高成長率は（12億円—10億円）／10億、つまり2億円／10億円なので0.2。それに100をかけて20％になります。「前期の売上高の20％分増えましたよ」という意味です。

②「総資産増加率」も同じ。前年の総資産が100億円で今期10億円増えたら、総資産増加率は10億円÷100億円なので0.1。10％になります。

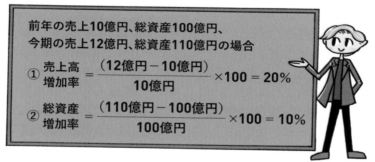

前年の売上10億円、総資産100億円、
今期の売上12億円、総資産110億円の場合

① 売上高増加率 $= \dfrac{(12億円-10億円)}{10億円} \times 100 = 20\%$

② 総資産増加率 $= \dfrac{(110億円-100億円)}{100億円} \times 100 = 10\%$

 ん？　単純に今期の値を前期の値でわるのかなと思いました……。

 いい指摘ですね！　よく間違われるんですけど、ちがうんです。
「売上高増加率90％！」という数字を見たときに、本当は前年比で売上が2倍近くなっているのにもかかわらず、「売上10％減ってるやないか〜い！」って勘違いする人がたまにいるんですよ。
あくまでも「増えた分」だけを増加率としてあらわします。

 じゃあ「増加率」は高いほどいいのかぁ。

 いいんですけど、注意点もあります。
たとえば「総資産が増えた♪」と言っても、「単に借り入れをしただけやん」というケースもあります。

「借金も増えた♪」……という（笑）。

もしくは、売上が急拡大している企業って人を大量に雇ったり、制度を整えたりと、社内がけっこうカオスになりやすいんです。その急激な変化をうまく乗り越えられずに一枚岩だった組織が崩れていく……こんなことは起こりうる話だと思います。
なので、**ほかのいろんな指標を見ながら総合的に判断する**といいですよ。コレは管理会計のどの指標にも言えますけどね。

結婚相手と同じですね。「顔がめっちゃ好み♡♡♡」だけで選ぶと、あとでエライ目に遭う、と。

そうそう（笑）。
成長性を見るときにもう1つ重要なのが、「産業平均との比較」です。
たとえばラーメンブームが起きて、あるお店の売上高増加率が20％だったとしても、ラーメン業界全体の売上高増加率が30％だったとしたら「追い風に乗り切れていない」ってことですからね。

学生のとき、数学のテストが70点！　と大喜びしていたら、平均点が80点だった……と、せつないエピソードを思い出しました（笑）。
ちなみに、「成長率を知る指標」って、ほかに何があるんですか？

従業員がどれだけ増えたとか、顧客がどれだけ増えたかとか、細かな指標はたくさんあります。ここではとりあえず、財務諸表から分析できるヤツだけを紹介しておきますね。

会社の成長性を知るための指標は、ほかにもいろいろ

営業利益増加率
$$\frac{（当期営業利益−前期営業利益）}{前期営業利益} \times 100$$

経常利益増加率
$$\frac{（当期経常利益−前期経常利益）}{前期経常利益} \times 100$$

純利益増加率
$$\frac{（当期純利益−前期純利益）}{前期純利益} \times 100$$

純資産増加率
$$\frac{（当期純資産−前期純資産）}{前期純資産} \times 100$$

SECTION

7

損益分岐点（CVP）分析がまるわかり!

POINT

ここが
ポイント!

- ☑ 損益分岐点(CVP)とは「利益がトントン」になるところ
- ☑ 費用は「固定費」と「変動費」に分解できる(固変分解)
- ☑ 損益分岐点の計算式がある
- ☑ 会社全体の損益分岐点も計算できる

 財務分析の基本的なテクニックの次は、財務分析以外で経営者や投資家がよく使っている管理会計のテクニックを紹介していきます。

 ココでしか言えない「裏テク」をお願いします！！！

 かなり実用的な分析手法からいきましょう。それが、「損益分岐点分析」。ひとことで言うと「収支がトントンになる売上高」を計算する方法です。英語だと「Cost-Volume-Profit Analysis」、略して「CVP分析」とも言います。

 あ〜、聞いたことある「ソンエキブンキテン」。

 なぜ「損益分岐点分析が大事か」を説明しますね。
まず、会社は売上に関係なく固定費はかかるので、経費を支払えるだけの売上はつくりたい。ただ、「そもそも経費をまかなえる最低限の売上はいくら？」がわからないと、計画が立てられませんよね？

 あ！ 売上と経費、つまりお金の出と入りがトントンになる売上が「損益分岐点」？？？

 そのとおり。この「損益分岐点」が、「商売が黒字に終わるのか、赤字に終わるかの分かれ目」と考えてください。

「損益分岐点」の単位というか正体は「売上高」なんです。売上高は「売値×売った数」で決まります。

だから「損益分岐点」がわかっていて「売値」も決まっていれば、「売らないといけない数」がわかります。逆に売る数量に限りがある場合は、最低限儲けが出る売値っていくらか？　が計算できますよね。

 基準ができるワケか。どうやって計算するんだろう……？

 実は**CVP分析をするには、財務諸表の数字をいったん別のカタチで再集計しないといけない**んです。つまり、財務諸表の数字だけを使ってすぐに計算できるものではない。

 ひと手間が必要。うまい料理といっしょだ。

 はい。そのひと手間のことを「固変分解」と言います。**費用を、売上に連動する「変動費」と連動しない「固定費」に分ける作業が必要**です。

 あれっ？　P/Lの費用の項目で、すでに売上原価（変動費）と販管費（固定費）って分けてませんでした？

 # ナイスツッコミです!! (≧∇≦) b
売上原価については変動費で確定なんですけど、問題が販管費。

前にも説明しましたが、P/Lはルール（会計基準）に従ってつくるので、「この業種だったらこの勘定科目は販管費扱いしなさい」がハッキリと決まっているんですけど、管理会計は統一されたルールがないので、各社のルールによってちがう。
だから、より現実に近いカタチになるように、各社が勝手に変動費と固

定費の割り振りをしていいんです。

 財務会計だと「販管費」に入っていて、管理会計だと「変動費」になりそうなものってたとえばなんですか？

 「広告宣伝費」の一部とか、商品を出荷しているなら「荷造運賃」とか、繁忙期に外注さんの力を借りるなら「外注費」とか、よく考えるといろいろあるんですよ。どこかの商業施設にテナントで入っているなら、売上に応じた「歩合賃料」なんかもありますから。

 どれを変動費にもってくるかのサジ加減は、会社によってバラバラ？

 バラバラだし、フォーマットも自由だし、いくら悩んでも答えがあるワケじゃないんです。実際にはとりあえず計算してみて、少しずつ改善していくパターンが多いですかね。

 会社ごとの「マイルール」でいい、と。おカタい会計にも、意外と自由人な一面がありますね〜。

 仮に固定費と変動費が分解できたとして、**売上高から変動費を引いた額のことを「限界利益」と呼びます**。変動費と 限界利益 を足したものが売上高になる……という考え方でもいいです。
この限界利益から固定費を支払って、残ったものが本当の儲けになる。

限界利益って別名、「貢献利益」と呼ばれています。「固定費の回収に貢献する利益」だから。まずは、この関係性だけ覚えてください。

$$\begin{array}{c} \text{限界利益} \\ \text{（貢献利益）} \end{array} = \text{売上高} - \text{変動費}$$
$$\downarrow$$
$$\text{固定費} + \text{利益}$$

ちなみに、図で説明すると、こんな感じ。

売上高

| 変動費 | 固定費 | 利益 |

限界利益（貢献利益）

 ホントだ！　「固定費」＋「利益」で貢献利益になるんだ！

ココで理解を深めるため、ちょっと文化祭の出店のような、シンプルな商売の例題を出してみましょう。

> **Q** 100円で仕入れたパンを150円で売るとします。売り場の飾りつけや固定費で、1万円かかります。この場合、何個のパンを売れば黒字（儲けが出る）でしょうか？

 ## うぐぅ、わからん……。

仮にパンが1つだけ売れたとしますね。すると売上高150円に対して、仕入れた代金100円がかかるワケですから、限界利益は50円になります。
でも限界利益50円だけでは、固定費1万円が支払えません。
じゃあ何個売れば固定費が払えます？

 50円×売る個数＝1万円だから……200個？？？

 大正解！！！　200個より1個でも多く売れば、この文化祭の出店は「黒字になる」ということです。

 ## おお、計算できた！　感動……！

むずかしくないでしょ？　ちなみにこのときの損益分岐点は、売上高で表せばいいワケなので、売値150円×数量200個を計算すればOK。
すると、売上高は3万円になりますね。

ここまでが基本的な考え方なんですが、いろんな商品を扱っている企業の総合的な損益分岐点の計算もできるんです。
そのときに使う計算式が、コレです。

損益分岐点を求める式

$$損益分岐点 = \frac{固定費}{\dfrac{(売上高-変動費)}{売上高}}$$

$$= \frac{固定費}{\dfrac{限界利益}{売上高}}$$

$$= \frac{固定費}{限界利益率}$$

上の式の2行めの「**限界利益を売上高でわったもの**」（**売上全体に占める限界利益の割合のこと**）を「限界利益率」と言います。

損益分岐点は、固定費をこの限界利益率でわればいいだけ。

さっきからわりすぎじゃね？　本当にわかるのかなぁ〜。

大丈夫です（笑）。だから企業全体、もしくは事業部ごと、もしくは商品ごとの変動費と固定費がわかっていれば、この式に当てはめるだけで損益分岐点がわかるワケです。

管理会計で損益分岐点分析を活用するケースとしてよくあるのは、会社全体の損益分岐点を実際の売上高でわることです。それに100をかけてパーセント表記にしたものを「損益分岐点比率」と言います。

文化祭のたとえで言えば、

・限界利益は　……売上高150円－変動費(原価)100円＝50円
・限界利益率は……限界利益50円÷売上高150円＝約33%
・損益分岐点は……固定費1万円÷限界利益率33%＝3万円

もしパンが4万円分売れたら、
・損益分岐点比率は……(3万円÷4万円)×100＝75%

これをふまえて、優良な会社かどうかを見分ける目安は、ざっとこんな感じ。

儲けている会社は、損益分岐点比率でわかる!

損益分岐点比率(%)	会社の状況
60%以下	超優良
60〜80%	優良
81〜90%	普通
91〜100%	損益分岐点
101%以上	赤字

えっと、100%だと収支がトントンで、101%になると損益分岐点より売上高が少ないことになるから、赤字なのか……。

もう1つ大事なのが**100%から損益分岐点比率を引いた**「安全余裕率」。
「どんだけ安全やねん!」というツッコミはなしで (笑)。

コレ、実は、経営者にとってかなり大事な数字でして。
たとえば、安全余裕率が25%なら「会社の売上が25%ダウンしたら、赤字に転落するかも」とも解釈できるし、お客さんから値下げを求められたときに「どれだけ値引きできるか?」の目安にもできるんですよ。

たしかに!　その数字は直感的に使いやすいかも!

SECTION

8

POINT

ここが
ポイント!

「在庫回転率」って どう計算するの!?

- ☑ 売上原価を棚卸資産でわったもの
- ☑ 「仕入れて売った」を何回転したかの指標
- ☑ 過剰在庫を抱えると回転率は落ちる
- ☑ 最適な回転率はビジネスモデルによって異なる

そう言えば、妻がメーカー勤務で、「先月入社した人、在庫回転率も知らないのよ」と愚痴っていたので、「え? 知らないんだ。困るよね」とクールに対応したんですけど……在庫回転率ってなんですか?

知ったかぶりかーい!(笑)。

在庫回転率は、P/L上の売上原価を、B/S上の棚卸資産(在庫)でわったものです。たとえば1年間の売上原価が1億円で、期末の棚卸資産が1000万円なら1億円÷1000万円で、答えは「10」。
「今年は、在庫が10回転したのか」みたいに判断するんですよ。

「在庫回転率」を計算してみよう!

$$在庫回転率 = \frac{売上原価}{在庫（棚卸資産）}$$

※期首、期末の平均

またしても、わり算……!

たとえば1000万円分の商品を仕入れて、すべて売ったら売上原価として1000万円計上されますよね。これを「在庫が1回転した」って言うんです。在庫回転率が「10」なら、「このサイクルが1年間で10回あった」

ということを意味します。

黒字倒産の話で触れましたけど、**過剰在庫を抱えている会社は、この回転率が低い**はずなんです。

 ちょっと待ってください。期末の在庫がたまたま少なかったら、数値が全然変わりませんか？

 お、だいぶ会社の数字に強くなりましたね！
そうなんです。なので、**ちゃんと計算するなら期首と期末の棚卸資産の平均を使って計算します**し、担当者レベルだと毎週、回転率をチェックしているハズです。

 ほ〜、それで年間を通して、売れているかどうかを見ていると。回転率は高いほうがいいんですか？

 もちろん高いほうが、「効率的に商売している」判断材料にはなります。ただ、あまりに回転数が高かったら、店頭で在庫切れが続出して「売り損じ」が多発しているケースも考えられますよね。買うほうにしたら、「もっとつくっておいてよ！」と怒っているかも（汗）。

 なんで不足するんですか？　予想以上に売れちゃったから？

 そういうケースもあります。あとは、売れ残りを避けるために、わざと1回1回の在庫を少なくする会社もあります。

 すぐに本が品切れするAmazon……？（小声）

 そうそう（笑）。
その「いい・悪い」は経営者が判断することなので、各社の方針やビジネスモデルによって、理想的な在庫回転率は変わります。

"PART4 スルッと! 管理会計の定番手法を覚えよう!"

SECTION

9

POINT

ここが
ポイント！

意思決定で使う！「埋没原価」&「機会原価」&「機会損失」

☑ 埋没原価＝意思決定のときに無視すべき原価
☑ 「絶対に回収できない過去のコスト」も埋没原価の一種
☑ もったいないバイアスのことを「コンコルド効果」と言う
☑ 機会原価＝他の選択肢を選んだときに得られる利益

企業にしても個人にしても毎日いろいろな意思決定をしているワケですけど、そのときにぜひ知っておきたい大事な概念があります。それが、「埋没原価」と「機会原価」と「機会損失」です。
管理会計の世界では超鉄則で、みなさんの人生でもめっちゃ使えます！

「埋没原価」の説明からしましょう。「サンクコスト」とも呼びますが、「意思決定のときに無視すべき原価」のことを指します。

たとえばどういう原価ですか？

かつて「ロンドン-ニューヨーク」間、「パリ-ニューヨーク」間をマッハ2.0で飛んでいたジェット機を知っています？

コンコルドですよね。あれ……？　最近、聞かない気が。

2003年に全機が退役したんですよ。航空会社も、コンコルドをつくった会社も大赤字。ひたすら赤字を垂れ流して、その役目を終えました。

最初からやるなよ！　って話ですね〜。

ただね、コンコルドって1960年代からイギリスとフランスの共同開発で進められてきた「超ビッグプロジェクト」で、天文学的な予算を投じ

られてきたんです。

国の威信もかかっているワケか……これは、ヤバイ風向き。

「飛べば飛ぶほど赤字やんけ！　ふざけるな！」という反対の声は当然あったんですけど、「ここまで予算を注ぎ込んで、今さら止められるかー！」って声に負けて……ずっと続いちゃった。

あるあるですね……。ギャンブルで突っ込んじゃうのと同じだ。

「もったいない！」って思っちゃうんですよね。
でも、経営者として冷静に意思決定を下すなら、失敗に終わった過去の投資をずるずる引きずっちゃいけません。

どう判断するのが正しいんですか？

「過去を見ないで、今、この時点から未来を考えること」です。

本来なら、**今撤退を決めることで生じるデメリット**（撤退費用など）と、**いま撤退を決めることで得られるメリット**（これ以上の赤字を防ぐ、技術を他分野に応用するなど）**のみを天秤にかけて、「メリットのほうが多そうだから撤退しよう」と考えないといけない**ハズなんです。

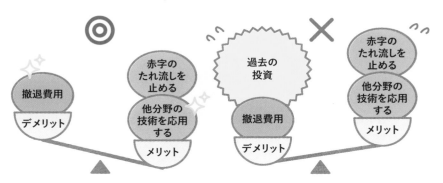

撤退するか、しないかの判断をミスらない！

でも「今までかけてきた労力がもったいない！」という意識があると、デメリットのほうに「過去の投資額」が全部乗っかって、メリットより重くなるから、「撤退」という意思決定ができなくなってしまう……。

うーん、でも一方では、かけたコストを回収するように努力するのが経営者の務めじゃないですか？

たしかに、そのとおりです。ただ、過去の出資はどちらかにせよかかる。意思決定には無関係なんです。

ちなみに、コンコルドって、「国土の広いアメリカ国内の移動で使おうぜ！」と期待されていたんですけど、超音波って衝撃音がハンパなくうるさくて、「コンコルドうるさすぎ！　アメリカ横断しないで」と苦情がきていました。その時点で、「負け」が確定しているんですよね。

こういう「もったいないバイアス」のことを、コンコルドの事例から「コンコルド効果」と呼びます。

そんな不名誉なたとえ話で、歴史に名を残しちゃいましたか……。

合理的な意思決定をしたいときは、「今するべき意思決定に影響を及ぼさない過去の原価は、計算式から消してしまえ！」というのが鉄則。
だから「埋没」って言うんですけど。

地中深くに沈んで、もはや回収できない原価……みたいな意味？

回収できない原価も「埋没原価」の一種ですけど、イコールじゃない。たとえば新規事業AとBで悩んでいるときに、「両方に共通してかかってくる原価（事務所の家賃など）」は、意思決定の際に考えても意味がありませんよね？　こういう原価も、「埋没原価」扱いします。

何が埋没原価なのか？　ちゃんと意識できるようになると、扱う変数が減るので、意思決定がより正確、かつシンプルになるんですよ。

よーくわかりました。

 あと、「埋没原価」とセットで覚えたいのが「**機会原価**」という概念。「**機会費用**」とも言います。

 「**機会損失**」と似てるけど、ちがうんですか？

 機会損失って、どちらかと言うと「最善の意思決定をしなかったために失った利益額」という意味で使いますよね。商品の数が売り切れで足りず、あったら得られたハズの利益を逃すとか。

それに対して、**機会原価は「複数の選択肢があるときに、ほかの選択肢を選んでいれば得られたであろう利益」**という文脈で使うことが多いですね。

機会原価と機会損失の例

> 投資案Aでは利益200を得られる
> 投資案Bでは利益100を得られるとすると…

1 投資案Aを選択した場合（こっちのほうが利益高い）

機会原価＝100（投資案Bの利益）
機会損失＝0
（AとBを比べると、A200＞B100で最善の意思決定をしているため0）

2 投資案Bを選択した場合（こっちのほうが利益低い）

機会原価＝200（投資案Aの利益）
機会損失＝100（A200－B100）

 わかるような、わからないような。

 たとえば、超絶つまらない映画を最後まで見たとします。でも、開始30分くらいで見切りをつけて、本を読んだり、英単語を覚えたり、ジョギングに行ったりする選択肢もある。

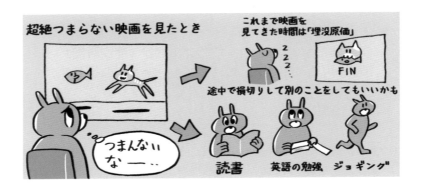

その効用を厳密に数字で比較するのはむずかしいんですが、少なくとも何か得られるものがあるかもしれない。

 結婚した女友だちが「あのとき、一流企業勤めのBを夫に選んでいれば、もっといい暮らしができたのに〜！」とクダを巻くことがあるんですけど、「機会原価のこと知っていればね……」と思いました（笑）。

 本人には、言いづらいですけどね（笑）。
機会原価を考えたら、実は時間やお金、もしかしたら「それ以上のもの」を潜在的に失っている可能性があるワケで、「いつも、ちゃんと機会原価を意識していますか？」とお伝えしたかったんです。

 ## 私も、まったく意識していません（笑）。

 ぜひこの機会に、「埋没原価」と「機会原価」の2つの概念を覚えてもらって、日ごろの「何かを決めなくてはならないとき」に活かしてもらえればと思います！

埋没原価… （サンクコスト）	意思決定の内容に関係なく、回収できないコストのこと
機会原価… （機会費用）	選択肢の一方を選んだことで失なわれたもう一方の選択肢なら得られる利益のこと
機会損失…	最善の意思決定をしなかったために失った利益額

SECTION 10

生産性アップで
大事なのは
「ボトルネック」

☑ 管理会計では、「労働生産性」という指標を使う
☑ 労働生産性には、「3つの因子」が関係している
☑ ボトルネックを見つけて、改善し続けることが重要

 最近はよく「日本企業は生産性が低い」なんてことが言われますので、生産性分析も説明しておきましょう。「生産性」=「会社が効率よく価値を生み出せているか」ってことですね。

管理会計では「労働生産性」という指標をよく使うんですけど、次のような式で表されます。デュポン分析と同じように、労働生産性を因数分解したものです。

$$
\text{労働生産性} = \frac{\text{付加価値}}{\text{従業員数}}
$$

$$
= \frac{\text{固定資産}}{\text{従業員数}} \times \frac{\text{売上高}}{\text{固定資産}} \times \frac{\text{付加価値}}{\text{売上高}}
$$

労働 装備率	固定資産 回転率	売上高付 加価値率

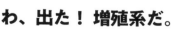

わ、出た! 増殖系だ。

 ざっくり理解してもらうくらいで十分だと思うので……じゃあ、ロールプレイングゲームのゴールド稼ぎにたとえましょうか。

あなたは、モンスターを倒すとゴールドがもらえるロールプレイングゲームをしています。

○得たゴールド⇒付加価値
○パーティの人数⇒従業員数
○武器や防具の装備や、やくそうなどの道具⇒固定資産
○倒したモンスターの数⇒売上高

そう考えると「労働装備率」は、「メンバー1人あたりが持っている武器や道具の量」になります。みんなが均等に物資をたくさん持っているほうが、モンスターをやっつけられますよね。

で、「固定資産回転率」というのは「チーム全体で持っている武器や道具が、モンスターを倒すことにどれだけ貢献するか？」です。
物資をたくさん持っていても、戦闘に使えないものばかりだったらこの回転率は下がるワケです。

じゃあ、問題です。

Q 最後の「売上高付加価値率」とは、どんなことを意味するでしょうか？？？

うーん……ゴールドに対する、倒したモンスターの数だから……「ゴールドを落としやすいモンスターと戦っているか?」……かなぁ?

大正解! そのとおりです!

えっ!? ウソ? 当たったの?(驚)

つまり「労働生産性」を上げたいなら、次の「3つの因子」が重要です。

> もっと知りたい!
>
> ▶ 労働生産性を上げる「3つの因子」
> ①1人あたりの固定資産を上げる
> ②売上に直結するように、固定資産を活用する
> ③付加価値を生み出しやすいビジネスモデルにする

でも、日本企業の労働生産性が低い原因って、「会議のための資料づくり」とか「上司の顔に泥を塗らないための根回し」とか、ひたすら無駄無駄無駄ァ〜! なことが多いからじゃないですか?

では、そういう無駄を排除したらどの「変数」が変わります?

ええと、効率化するから……あ、もしや、いらない従業員が減る?

そうです。**労働生産性＝付加価値／従業員数なので、無駄を排除したら、分母の従業員数が減り、1人あたりの付加価値が上がります。**

おお〜、納得!!

生産性分析で、ぜひ覚えておいてほしいキーワードがあって、「ボトルネック」なんですよ。

ああ、よく聞きます。「流れが悪くなる場所」ってイメージ。

だいたい合っています。
たとえば工程A、C、Dで「10」の出力(スループット)が出ているのに、

スルッと!
管理会計の定番手法を覚えよう!

工程Bで「5」しか出力できないとき、このBのことを「ボトルネック」と呼びます。全体の出力が、工程Bの出力に引っ張られてしまうから。

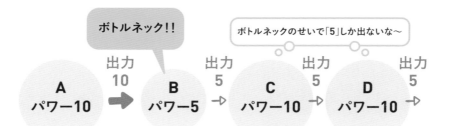

 今でこそメジャーな言葉になりましたけど、きっかけは物理学者のゴールドラット博士が書いた『ザ・ゴール』。この本のなかで博士は「**制約理論（TOC）**」を発表し、ボトルネックという概念が広まりました。

 あ、本棚で眠っている本だ（笑）。どんな内容なんですか？

 「**ボトルネックを見つけたら、全体の流れをボトルネックに合わせ、ボトルネックを広げる努力をしつつ、全体の流れを増やそう**」です。

 ## 超シンプル！ 2行でまとめる先生もスゴイ!!

 経営者がやりがちなのは、「10」というスループットをかけ続けて、工程Bの担当者を責めたり、担当を変えたりすることなんですよ……。

 できない子代表としては、ツライ気持ちになります……。

 そんなことをしているあいだ、下流の工程にいる人は「ヒマだなぁ」って遊んでいるワケで、経営的にも非常にもったいない話なんです。

ものづくりに欠かせない「製造原価」計算

☑ 売上原価と製造原価はちがう
☑ 製造原価は別途、細かい計算が必要
☑ 製造原価は「材料費」「労務費」「経費」に分けられる

最後に、工業簿記のキホンとして絶対に押さえておきたいものを説明します。「製造原価（C/R：Cost Report）」です。

「原価」……？　P/Lで見た「売上原価」とは、ちがうんですか？

ちがいます。**「売上原価」は「売れた商品に対してかかった直接的な原価」のこと**でしたよね。

たしか、販売員の給料とか広告費とかオフィスの家賃みたいにビジネス全体に広くかかってくるコストは、「販管費にする」と聞きました。

そう。「売上原価」って、モノを仕入れて売るだけの商売だったら計算しやすいんです。「売れた商品の仕入れ値」を合算すればいいので。

モノづくりをする製造業は、それだとNG???

計算は、そうカンタンじゃないんです。
たとえば、ネジをつくるとしましょう。ネジの原材料を仕入れて、金型をつくり、工員が機械を動かして、さらにその電気代もかかりますよね。

工員のお給料や電気代も「販管費」に入れればよくないですか？

気持ちはわかるんですけど……実は**「販管費のなかに、製造コストは入れちゃダメ」**という決まりがあるんです。

あ、ルールがあるんだ。

だから製造業では、工場側で「製造原価計算」を細かくやっていて、「今月は商品を100個つくりました。材料費はいくら、労務費（工賃）はいくら、諸経費（電気代など）はいくら……で、トータルこれくらいお金がかかりました」というレポートを本社に送っているんです。

製造コストは
「販管費」に
入れない！

なるほど。

そうやって報告を受けることで本社の経理部門には、「今まで工場がつくった商品の数」と「製造原価」がデータとして残ります。

決算日になったら、その商品のうちどれだけ売れたか数えなおして、その数に応じた製造原価を、売上原価として計上できるワケですよ。

経理の人も大変ですねぇ。

あと、**そもそも、製造原価を計算していないと、売って儲けが出る「売値」がわからない**んです。だって、100個のネジを500円かけてつくっているのに、400円で売ったらダメですよね？

それって製造側の理屈で、めっちゃ高値だと売れない気が……。

そのとおり！
だから実際には市場の価格を調査して、「売値800円のネジをつくろう。じゃあ製造原価は500円に抑えようぜ！」みたいな感じで、適正な売値からつくるための原価を逆算していくパターンが多いですね。

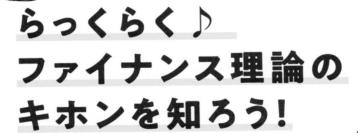

らっくらく♪
ファイナンス理論の
キホンを知ろう!

SECTION

1

POINT

ここが
ポイント！

かならず覚えたい！
「貨幣（かへい）の時間的価値」

- [ ] 「今の100万円」と「将来の100万円」では価値がちがう
- [ ] 時間軸によって変わるお金の価値を「貨幣の時間的価値」という
- [ ] 「今の価値」と「将来の価値」の関係は式であらわせる

 会社の部署でたとえると、PART2、3は経理部、PART4は経営企画室っぽい話をしてきましたが、PART5では財務部っぽい「**ファイナンス理論**」の話をしましょう。

 ファイナンスって、むずかしそう……。THE数学！　って感じで……。

 今日はファイナンス理論のなかでもド定番、かつ中身がやさしめの「**DCF法**」「**MM理論**」「**現代ポートフォリオ理論**」「**PER**」「**PBR**」の5つを説明するんでご安心を。

 や、やさしくしてくださいよ……。

 結局、ファイナンス理論も、「投資や資産管理をするうえで使う考え方とかテクニックの総称」にすぎません。 なので、「これは使えそう」と思った理論だけ覚えておいていただければOKです！

 私がこれを学ぶと、どんなミラクルが起きるんですか？

 「**お金の使い方**」や「**お金の価値に対する考え方**」がまるっと変わるんじゃないかな、と。

おお……！　ちょっと期待。いやでもホンッット、生粋の数学ギライなので、数式は最小限にしてくださいね！

おまかせを！　まず、ファイナンス理論のなかでかならず覚えてほしいのが、「**貨幣の時間的価値**」の概念。カンタンに言うと、「**今の1万円と10年後の1万円では、お金の価値は変わる**」という意味です。

……えっ？　変わるんですか？

変わるんです。
ちょっと質問しますね。

> あなたは、1000万円もらえることになりました。
> 今もらうか、10年後にもらうか選べます。
> どっちを選びますか？

マジか……生きててよかった……!!　今もらいます♪

なぜですか？

10年後、生きている保証がないから。

なるほど（笑）。じゃあ仮に、10年後も生きているとしたら？

うーん。もらったら、使っちゃうかなぁ………。でもやっぱり、今かな。1000万円を元手に、10年で株を買ったりして増やせるかも。

すばらしい!!　「**現在の1000万円**」と「**将来の1000万円**」を天秤にかけて、「**現在の1000万円**」のほうがいい！　と思ったんですよね。

このように、**時間軸によって影響される貨幣価値のことを「貨幣の時間的価値」**と言います。

いいのか悪いのか、理由がよくわかんないなぁ〜。

Q 「今、1000万円をもらえる権利」があります。でもそれを放棄して、「10年後にまとまった額をもらえる権利」を選ぶこともできます。10年後に最低でもいくらもらえるなら、今1000万円をもらえる権利を放棄しますか?

え、え……わかんない。1兆円とか???

小学生か(笑)。さっき「自分で資産運用すれば」と言ってましたけど、利回りはどれくらいを考えていますか?

うーん……4%くらい?

リアルな感じでいいですね。じゃあ4%にしましょう。
これを「複利」で増やしていくとします。

> 知りたい! もっと

> **複利って?**
投資で得た利益を、どんどん元金に足していき、雪だるま式に増やしてく投資方法のこと。毎年同じ利率だけ増える「単利」もある。

複利計算をしてくれるサイトがあるので、計算してみましょう。

Q 1000万円を4%複利で増やすと、
10年後はいくらになる?

元金		実質金利
1年後	10,400,000円	4%
2年後	10,816,000円	8.16%
3年後	11,248,640円	12.48%
……		
10年後	14,802,443円	48.02%

⇒10年後には1480万円!

おお、1480万円！ 480万円も増えるんだ♡

コレってつまり、「今1000万円もらったら、10年後には1480万円くらいまで増やせるかも」ということなので、最低でもこの金額くらいはもらえないと、「今もらう権利」は放棄しづらいことになる。

なるほど〜。

こうやって「現在の価値」と「将来の価値」は数字を使って比較することができます。 これがわかれば、「貨幣の時間価値」はほとんど理解したようなものです♪将来株価は、以下の式で求めることができます。実はコレ、「貨幣の時間価値の式そのもの」。

$$FV=PV\times(1+r)^n$$

FV: 将来価値（Future Value）
PV: 現在価値（Present Value）
r: 利回り（%）　　n:年数（n年間）

もはや暗号じゃないですか！（涙）

見た目はナゾですが、たいしたこと言っていないんです。わかりやすくするために、さっきの数字を使いながら日本語訳をつけるとこんな感じ。

FV	$=$	PV	$\times$	$(1+r)^n$
↑		↑		↑
10年後いくら？		今の1000万円		4%（r）で10年（n）運用したときの利回り（=約1.480）

$$FV=1000万円\times(1+4\%)^{10}$$
$$=1480万円 \quad つまり、10年後は1480万円になる！$$

らっくらく♪ ファイナンス理論のキホンを知ろう！

普通の会計の本っていきなり数式から始まるから心が折れるんです(笑)。
この式の「r」を、財務の世界では「期待収益率(きたいしゅうえきりつ)」と言います。

そりゃ心折れますよ〜。ナゾすぎて！

今度はこの式をちょっと変形させて、「PV(現在価値)はいくら？」の形
にしてみましょう。
さっきは「今のお金(現在価値)」から「将来のお金(将来価値)」を計算
する方法を紹介したワケですけど、将来価値から現在価値を計算したい
場合もあるからです。

式の変形は簡単で、両辺を(1+r)^{n}でわればいいだけですね。
この式は「将来価値から現在価値をわり戻す計算式」と言われて
いるものです。

将来価値から現在価値をわり戻す計算式

$$FV = PV \times (1+r)^n$$

両辺を$(1+r)^n$でわる

$$PV = \frac{FV}{(1+r)^n}$$

← 10年後の1480万円
← 4%で10年運用したとき
　の利回り(=約1.480)

今いくら？

わり戻す？？？

逆算する……みたいな感じですね。

例題を出したほうがわかりやすいかな？

> Q 「10年後に1480万円もらえる権利」が
> 売りに出されています。
> あなたは自力で毎年4%お金を増やすことができます。
> さて、いくらだったらこの権利を買いますか?

 1000万円より安かったら!

 そう、「**1000万円**」が目安になるということですね。
1000万円より安かったら購入を前向きに考えればいいし、高ければ「ほかで増やしたほうがいいかな」と判断できるじゃないですか。

$$PV = \frac{1480(万円)}{(1+4(\%))^{10年}}$$

$$PV = \underline{1000万円} \quad 現在の価値$$

 ## たしかに! スゲエ……!!!

 こういう「投資判断の場面」って、企業では頻繁に起こるんですけど、経営者とか財務の人たちって、そのたびに「将来価値を現在価値にわり戻す計算」をしているんですよ～。

 そうなんだ! めちゃんこ勉強になりました!!!

 もっと知りたい!

> ● 期待収益率の「r」と、割引率の「r」
> 「**FV**」(=将来の価値)を求めるときの「r」は「期待収益率」と呼びましたが、「**PV**」(=現在の価値)を求めるときの「r」は「割引率」と呼びます。
> 同じ「r」なのに呼び方がちがうのはややこしいですが、会計上で、そういう慣習があるというだけ。「割引率」と書いてあったら「未来のお金を、現在のお金にわり戻すとき使うヤツだ!」と思ってくださいね。

「DCF法」で 投資判断をしてみる

- ☑ 将来のCFを想定し、現在価値にわり戻して足すことを「DCF 法」と言う
- ☑ 利益だけでなくコストもわり戻して、正確な現在価値(NPV) を計算する
- ☑ WACCは、会社に求められている「収益率」のこと

 先ほど「現在価値へのわり戻し方」を説明したので、ここではその応用 編、もっと実用的な使い方を解説しますね。

 バッチコーイ!

 やる気スイッチ、ガッツリ入りましたね! (笑)。

たとえば、会社で新しい機械を買うことを検討しているとしましょう。 5年間は使えるとします。ここで経営者や財務部の人が最初にやるのは、 **「その機械を導入することで、どれくらいのキャッシュフローが生まれ るのか」**を想定することです。

「利益」ではなく「キャッシュフロー」

投資の場合、長期にわたるため、
「貨幣の時間価値」を考慮しなけ
ればならず、ココではキャッシュ
フローを用いるよ!

キャッシュフローは、こんな感じ。

ある機械が生む5年目までのキャッシュフロー

1年目	2年目	3年目	4年目	5年目
300万円 ⇒	1000万円 ⇒	1500万円 ⇒	2000万円 ⇒	2000万円

実績もないし、機械を入れるコストもかかるから、300万円くらいの利益かな

だんだんリピーターも増えて、利益は2000万円くらいまではいくかな

ちなみにPART4で、FCF（フリーキャッシュフロー）ってやりましたけど、企業買収するときはFCFをココに使ったりするんですよ。

この数字を足すから……、300万＋1000万＋1500万＋2000万で、6800万かあ。

……って考えるのが普通ですよね。
でも会計の世界ではもっと緻密に考えるんです。5年後の2000万円って、今の価値と同じでしたっけ？　3年後の1500万円って同じでした？

あ……（汗）。

そう、より緻密に計算するために、ココで「将来価値を現在価値にわり戻す」という考え方を使います。やり方は、「さっき想定した1年ごとのキャッシュフローを、それぞれ現在価値にわり戻す」んです。

1年ごとにやるんですか？

はい。ちょっと面倒ですけど、正確さは上がりますよね。割引率はとりあえず「4%」にしておいて、計算してみましょう。

らくらく♪ ファイナンス理論のキホンを知ろう！

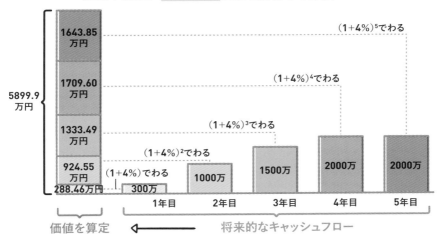

ある機械が生む5年目までのキャッシュフロー

| 1年目 | 2年目 | 3年目 | 4年目 | 5年目 |

$$\frac{300万円}{(1+4\%)} + \frac{1000万円}{(1+4\%)^2} + \frac{1500万円}{(1+4\%)^3} + \frac{2000万円}{(1+4\%)^4} + \frac{2000万円}{(1+4\%)^5}$$

$$= 5899.9万円$$

 すると、トータルは5899.9万円になりました。コレってつまり「機械を導入することで将来的に会社に入ってくるであろう利益を、現在価値であらわした数値」です。

このように、**将来想定されるキャッシュフローを現在価値に割りもどして全部足す計算方法**のことを「**DCF**（ディスカウントキャッシュフロー、**Discount Cash Flow**）**法**」と言います。

予測した将来キャッシュフローを
現在の価値に置き換えて価値を計算する方法がDCF

5899.9万円

	1643.85万円					（1+4%)⁵でわる
	1709.60万円				（1+4%)⁴でわる	
	1333.49万円			（1+4%)³でわる		
	924.55万円	（1+4%)²でわる				
	288.46円	（1+4%)でわる	300万			

| | 1年目 | 2年目 | 3年目 | 4年目 | 5年目 |

1500万　2000万　2000万　1000万

価値を算定　←　将来的なキャッシュフロー

 コレを知っているだけで「できるオトコ」になれます！

 ## え～～～♡　数学ニガテなのに、わかっちゃった。

 意味がわかればむずかしいことはないんですよ。

ということは、DCF法で計算した現在価値が、適正な買い値ってことですね！

 その通りです。適正な買い値＝現在価値がわかったところで、実際に投資（購入）するかどうかの意思決定は、「今計算した現在価値が、投資額を上回っているかどうか」で判断します。

投資額は今時点の支出なので、こうやってDCF法によって将来の経済的効果（キャッシュフロー）を現在の価値に戻すことによって時間軸を同じにして、適切な意思決定を行なえるようにしたんですよ。投資のように長期的な問題を扱う場合には、こうやって貨幣の時間的価値を考慮するんです。

また、今回はかんたんに説明しましたが、もし将来のキャッシュフローで出ていくもの（キャッシュアウトフロー）があれば、それも同様にわり戻して現在価値にして考慮すればいいだけです。

 入るお金だけじゃなく、出ていくお金もわり戻すのか！

 ですです！　図で整理するとこんな感じ。

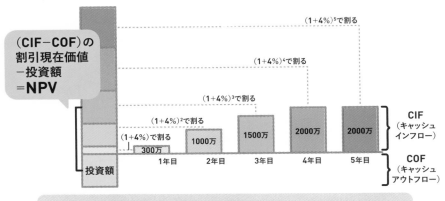

細かな計算はさておき、イメージはつかめました。

で、この入と出の最終的な差額のことを、「**NPV：Net Present Value（正味現在価値）**」と言います。「**細かい話はええから、NPVがプラスなら投資したほうがいい**」ってことですね。

なーるーほーど！　NPVを見て、最終的な投資の判断をするワケか。今回の例なら利益が「5899万円」と予想されたから、投資額「3000万円」なら「買い！」だし、「1億円」なら「買うな！」なんですね!!

そういうこと！
ちなみに今の計算では割引率に「4％」を使いましたよね。
企業がDCF法を使うときの割引率は、まず株主や銀行などの資金を出す人が期待する会社の「収益率（資本コスト）」を考えて決めるんです。

収益率……？？？

会社が借り入れをしている場合、利息を支払わなければいけませんが、このときの金利は、銀行から見た場合の収益率にほかなりません。
また、会社が株主から出資してもらっている場合には、配当などのリターンを期待されています。これは株主から見た収益率になりますよね。
これらは会社から見ると「（期待を）超えないといけない収益率＝資本"コスト"」と言えるので、「お金を出した人から見た収益率＝会社から見た資本"コスト"」という関係になります。

あ、そうか。さっきの私の計算みたいに、「何％くらいなら成長できるかな？」というノンキな話じゃないんだ……。

ちがいます。**「利息や配当を払うために、会社に求められている収益率は何％か？」**という発想です。
利息をカバーするだけの成長率では不十分で、利息を支払ったあとに、配当も支払えるだけの成長をしていかないといけない。

企業が投資の意思決定をするときに使う割引率（期待収益率）って、株主資本コスト（配当等のこと）と負債コスト（利息のこと）を特殊な式にブ

チ込んで計算するんです。

この特殊な式で計算した結果のことを、「加重平均資本コスト（WACC）」と呼びます。

 ワック？　かじゅーなんとかより、英語にしたほうがカワイイな。

 一般的に**WACCは、「資金調達にかかる総コスト」**という解釈をするんですけど、わかりやすく言えば**「会社として超えないといけない最低限の目標値」**だと思ってください。

 言葉はイカついですが、考え方はわかりやすいですね。

 そうそう、「DCF法とか、NPVのWACCとか、なんやねん！」と戸惑いがちなんですけど、**ココではシンプルに「その会社に求められている収益率のことね」**と思ってもらえれば大丈夫。

WACCの計算式は一応書いておきますけど、いざ使うときにググればいいので、覚えなくてかまいません。

加重平均資本コスト（**WACC**）の計算方法

前半

$$(1-実効税率) \times \frac{負債コスト \times 有利子負債}{有利子負債 + 株主資本}$$

負債コスト

後半

$$+ \frac{株主資本コスト \times 株主資本}{有利子負債 + 株主資本}$$

株主資本コスト

らくらく♪
ファイナンス理論のキホンを知ろう！

ここが
ポイント！

☑ 配当には「リスクプレミアム」が乗っている
☑ 利息は経費にできるが、配当はできない
☑ 無借金経営では企業価値を最大化できない

無借金経営が優れているワケではない!?「MM理論」の話

次は「**MM理論**」を説明します。モジリアーニ＆ミラーがノーベル経済学賞をとった、財務の人なら誰でも知っている超絶有名な理論です。

ムム？　MMとは……？？？

「借入」と「出資」で、企業の価値はどんなふうに変化するかを研究してわかったコトです。

コレは重要そうな話ですね。

聞きたいでしょ？　**MM理論は「法人税がかからない状態においては資本がどんな構成でも、つまり他人から借りたお金と株主から集めたお金がどんな割合でも、企業価値は変わらんよ」という意味**です。

極端な話、「無借金で株主から100億円集めた会社」と「株は公開せず借金だけで100億円集めた会社（※実際には最低でも1円の資本金が必要）」では企業価値が一緒だよ、ということ。

なぜならそもそも**企業価値とは、「債務者が出したお金と株主が出したお金の合計」だから**です。

借りているお金だろうが、出資してもらったお金だろうが、同じ価値なのか〜。会社のお金に貴賤ナシ！　と。

 でも、「**株主から資金調達する**」よりも、「**借金で資金調達する**」ほうが企業価値が大きくなるケースが出てくるんです。コレ「修正MM理論」って言うんですけど。

 へっ？　借金していたら「利息」が発生するじゃないですか。

 株主に対しても配当の支払いがありますよね。実は「配当コスト」って、基本的に銀行の「利息コスト」より高いんです。

 ## そうなんだ!!

 銀行の場合、「貸したお金が返ってくる」前提ですよね。でも、株って元金が保証されるワケじゃない。紙くずになる危険もある。

 たしかに。投資家のほうがリスキーなのか。

 はい。リスクを背負ってお金を出すので、「銀行の金利が3％」のときに、「配当も同じ3％」だと、株主は納得しません。
いわゆる「**リスクプレミアム**」というのが乗っかってくるんです。

 まぁ、そりゃそうだよな〜。

 さらに、法人税の面から見ても、銀行に払う利息って「費用」として計上できる。その分、営業利益が減るので、収める法人税が減ります。「節税」になるワケです。

でも、株主に払う配当って「費用」扱いにならなくて、法人税を支払い終えたあとの純利益に対してかかってくるんです。

銀行から借りたほうが、税金的にもトクなのか……。

「ウチは無借金で利息の支払いがないから、こんなに利益が出たぜー！」ってウェイウェイしても、その利益には法人税がかかり、配当を支払い終えたら、思っていたより残らない……なんてことが起こる。

意外！　無借金経営の落とし穴だ……。

こういう場合は、負債を資本構成にうまく織り交ぜていれば、もっと利益が出せたかもしれないんですよ。

でも、投資金は返済不要ですもんね。見きわめ、むずかしいなぁ。「**最適な資本の割合**」って、どのくらいなんだろ……？

それがなんと、まだ答えは出ていないんですよ。「最適な資本構成を見つけたら、ノーベル経済学賞もの」と言われているほど。そもそも「MM理論」でノーベル賞をもらってるぐらいやし。

財務分析で紹介した「**負債比率**」を使って最適だろうと言われている数値（通常100％以下など）を参考にしているのが実情です。

ノーベル賞級……私にわかるワケなかった（涙）。

一見すると最善策に感じるし、実際「経営サイドから見た安全性」から考えれば安全なんですけど、「**株主からお金を集めるのは、意外と資金調達コストが高め**」ということは覚えておいてください。

株主からのお金
＝
調達コスト高め

SECTION

4

ポートフォリオ①
投資の鉄則「現代ポートフォリオ理論」

POINT
ここが
ポイント！

☑ 「卵を1つのカゴに盛るな」の「分散効果」
☑ リターンはリスクの対価であり、バランスがむずかしい
☑ リターンを変えずにリスクを下げるのが、この理論

投資の鉄則である「卵を1つのカゴに盛るな」って言葉、聞いたことあります？　1つのカゴに卵を入れるみたいに、1カ所に資産を集めてしまうと、万が一のときに全滅してヤベーぞ、って話なんですが。

「スマホにすべてのデータ全部盛りするな。クラウド保存しておけ。会社の電話番号すらわからなくなるぞ」って話ですよね。

そうです（笑）。専門用語で言うと、「ポートフォリオ（分散効果）」。理屈としてはあたり前ですよね、「分散すれば、リスクが減る」って言っているだけなので。

一方で、**投資の目的は「リターン」を増やすこと**ですよね。でも「リターン」って実は、「リスク」の対価なんですよ。

ん？　分散⇒リスクが減る⇒リターンが得られない……ってこと？

ご名答！！！
たとえば今、ブラジル国債の金利は10％くらいあります。日本の国債なんて0％どころか、マイナス金利なのに。
でも、そうかと言って、「すべてのお金をブラジル国債に突っ込むぜ！」とはならないですよね。なんででしょうか？

PART

1

2

3

4

5

らっくらく♪
ファイナンス理論のキホンを知ろう！

だって、なんか急に暴落しそうで、危なそう……（苦笑）。

ですよね。「リスク」があるから、10％という金利になっている。**実は借金の利息にしても、株主が受け取る配当の割合にしても、すべては「リスクとの兼ね合いでそのリターンが決まっている」**んです。

さっきの話にも出た、**リスクの分、リターンが上乗せされる「リスクプレミアム」**ってヤツですか？

はい。だから投資家が一番悩むことって「リターンとリスクのバランスをどうするか」なんですが……ココで「現代ポートフォリオ理論（MPT）」と呼ばれる理論をブチ上げたのが経済学者のマーコヴィッツ。

リターンを変えずにリスクだけ下げる方法見つけちゃったー！！

うわ、マーコくん、神！！！

世紀の発見をしたマーコヴィッツは、1990年にノーベル経済学賞をとります。

いや、これ、ヤバイ発見ですよ……世界中が沸くレベルやん。

「ポートフォリオ＝組み合わせ」だと思ってくださいね。
実際は、標準偏差など、高校数学の領域が出てくるので省きますけど、考え方だけでも十分に役立つので、サクッと説明しましょう。

やった♪　お願いします！

SECTION

5

POINT

ここが
ポイント！

ポートフォリオ②
「加重平均」でトータル
の利回りを計算する

☑ MPTは、「分散効果」と「相関」でできている
☑ 分散したポートフォリオの利回りは「加重平均」で計算できる

「現代ポートフォリオ理論（MPT）」ってざっくり言うと、2本柱でできています。それが、「**分散効果**」と「**相関**」。

「**分散効果**」に関わることで1つ覚えておいたほうがいいのは、「**期待収益率**」の計算で使う「**加重平均**」という計算方法です。

「かじゅーへいきん」って、WACCのところで話してましたよね。

そうそう。WACCも加重平均で計算しているんですけど、話が複雑になりすぎないように、さっきはあえて省略しました。

加重平均って言うくらいだから……平均値を計算する？

そうです。たとえば100万円を元手に、A社の株を20万円分、B社の株を80万円分買ったとしましょう。この時点で投資先を分散しているので「ポートフォリオを組んだ」と言えるんですけど、「**このポートフォリオ全体が生み出すであろう利回り**」って知りたくないですか？

めっちゃ知りたいです。

その場合、「**A社株の期待収益率**」と、「**B社株の期待収益率**」を「**加重平均**」するんです。

PART

1

2

3

4

5

らっくらく♪
ファイナンス理論のキホンを知ろう！

まずは、A社株とB社株のそれぞれの「期待収益率」って何？　を説明しますが、その前に……投資に関わる人って、こんな感じで予測を立てるんですよ。

〈A社の株の期待収益率〉

	起こる確率	期待収益率
状況よい	20%	30%
状況普通	60%	10%
状況悪い	20%	−10%

↓ 計算すると……

A社の期待収益率

$0.2 \times 30\% + 0.6 \times 10\% + 0.2 \times 10\% = 10\%$になる

 ## でも、コレ……投資家の妄想ですよね？（汗）

 もちろん。だからこそ毎日ニュースをくまなくチェックして、世界情勢の流れを読み解きながら、必死で考えるワケですよ。

こんな予想をつくったら、それぞれの期待収益率を「加重平均」します。
このとき使う「重み」は「起こる確率」です。
こんな感じの式になります。

ポートフォリオの
期待収益率 ＝ $\dfrac{（A社の期待収益率 \times A社の投資割合）＋（B社の期待収益率 \times B社の投資割合）}{A社の株＋B社の株}$
（加重平均値）

A社:10% × 0.2 + B社:12% × 0.8= 11.6%

A社20万円、B社80万円の株を買ったときの
利回りは11.6%

この式では「20万と80万」という投資金額をそのまま式に入れていますけど、比率がわかればいいので「0.2：0.8」でも答えは同じです。会計の世界でめちゃくちゃよく使う計算方法なんですよ。

平均って言うと、小学校で習う「データを足していって、データの数でわる」というイメージしかなかったなぁ。

それは「相加平均」ですね。相加平均とちがって、**加重平均は「データの重み」が平均値に反映される**んですよ。

ほーーー。かじゅーへいきん大活躍。

シンプルに「A社株の過去の収益率」を参考にする方法もありますが、「より精度を高めたい」「マーケットが変わるはずだから過去の数字は参考にならない」なんてときは、独自の視点を交えて計算するんです。

で、それをさらに「ポートフォリオでも加重平均」するワケか。「2段がまえ」なんですね！

普通は、「3段がまえ」が多いですね。
今回は株のみでしたが、分散効果を考えると、「株と不動産と国債」「円建てとドル建て」など、いろんな資産のカタチを組み合わせるのが一般的です。

これからは、気をつけて世の中の動きを見ていこっと♪

> **アセットアロケーションとポートフォリオは同じ？**
「資産をどんなカタチで持っておくか？」を「アセットアロケーション」と言いますが、アセットアロケーションは「資産の組み合わせ」なので、ポートフォリオそのものと言えます。

SECTION 6

ポートフォリオ③
リスクヘッジするなら「相関」を見よ！

POINT
ここがポイント！

☑ 「相関」とは関係性、連動性のこと
☑ 分散効果を高めるには、相関係数の低い資産に投資する
☑ 相関係数はネット検索できる
☑ 相関係数は「−1〜1」までの範囲

現代ポートフォリオ理論で、「分散効果」とならんでもう1つの柱となっているのが、「相関」。「関係性が高いか、低いか」って意味ですね。

ココで究極的に伝えたいのは、「世の中がどう転んでも、儲けられるようにしておけ」というメッセージです。

至極まっとうなご意見で（笑）。

でも、意外と忘れがちなんですよね〜。

たとえば先日、日経平均が3万円を突破しましたけど、「資産は株しかありません。でもいろんな株を買っているので、リスクは分散できています♪」と言われても、「ホンマかいな？」ってなりません？

うぐっ……株しか買っていない。なんも言えねえ……（笑）。

「1つのカゴ」でたとえるなら、いくらカゴを小分けにしたところで、全部いっしょに持っていたら、結局総崩れになるリスクがある。

うぐぐぐ……そうですね（小声）。

だからマーコヴィッツさんは、強調しました。「資産を分散するときは、できるだけ相関性の低い資産に分けろ！」って。

 関係性の低い資産って……？

 たとえば「金融資産」に対する「現物資産」とか、「円建て資産」に対する「ドル建て資産」とか。**片方が下がったらもう片方が上がるような、シーソーみたいな関係が理想的ですね♪**

 シーソーって言われても……そもそもの相関関係がわからない（泣）。

 ネットで「相関係数一覧」と検索すると、いくつもヒットしますよ。たとえばこれは、JPモルガンが発表している「資産の相関表」ですけど、JPモルガンだけじゃなく、いろんな会社が発表しています。

資産クラス間の相関図

直近10年間の相関係数

	日本株式	米国株式	世界株式	新興国株式	米国ハイ・イールド債券	新興国国債(米ドル)	新興国国債(現地通貨)	米国REIT	J-REIT	日本国債	先進国国債	米国10年国債	ドル・円
日本株式	1	0.66	0.68	0.48	0.45	0.23	0.3	0.35	0.48	-0.33	-0.32	-0.49	0.6
米国株式	0.81	1	0.96	0.75	0.77	0.53	0.51	0.69	0.42	-0.1	0.07	-0.4	0.23
世界株式	0.83	0.98	1	0.87	0.82	0.62	0.65	0.69	0.43	-0.12	0.18	-0.39	0.16
新興国株式	0.62	0.79	0.87	1	0.77	0.66	0.8	0.59	0.32	-0.06	0.35	-0.28	-0.05
米国ハイ・イールド債券	0.56	0.81	0.84	0.79	1	0.78	0.66	0.7	0.39	0.08	0.27	-0.22	-0.01
新興国国債(米ドル)	0.4	0.61	0.68	0.7	0.88	1	0.77	0.63	0.35	0.26	0.53	0.14	-0.19
新興国国債(現地通貨)	0.43	0.51	0.61	0.73	0.69	0.81	1	0.53	0.36	0.1	0.54	-0.07	-0.21
米国REIT	0.57	0.8	0.8	0.65	0.82	0.64	0.46	1	0.43	0.21	0.32	0.05	0
J-REIT	0.59	0.58	0.6	0.46	0.7	0.64	0.51	0.75	1	0.28	0.06	-0.13	0.21
日本国債	-0.27	0.01	0.01	0.04	0.29	0.42	0.15	0.35	0.25	1	0.49	0.5	-0.37
先進国国債	-0.25	0.07	0.12	0.27	0.26	0.36	0.36	0.17	0	0.55	1	0.55	-0.72
米国10年国債	-0.57	-0.4	-0.44	-0.43	-0.37	-0.14	-0.32	-0.21	-0.35	0.51	0.64	1	-0.46
ドル・円	0.52	0.26	0.22	0.03	0.05	-0.11	-0.1	0.11	0.23	-0.35	-0.78	-0.59	1

直近3年間の相関係数

※出典：JPモルガンアセットマネジメント

 ……見方がサッパリなんですけど。

大事なのは、表のなかの「相関係数」という数字。
「1」から「−1」の数字で表されるもので、「1」に近いほど「似た動き
をする」、「−1」に近いほど「逆の動きをする」という意味です。

 「0」の場合は？

 「0」の意味は、「片方との値動きとは無関係」です。直近3年間で見る
と、「J-REIT」と「先進国国債」の関係が「0」ですね。

 縦軸も横軸も、同じ資産の種類がずらずらっと書いてありますね。

 そうです。ココで、「相関関係」を知りたい2つの資産クラス（種類）が
交わるところの数字を見るだけ。

たとえば「日本株式」と「米国株式」の直近10年間の相関係数は
「0.66」。近いと言えば近いですね。
でも、「日本株式」と「米国REIT」（※REITは不動産だと思ってもらえれば
OK）の直近10年間の相関係数は「0.35」。つまり日本株が下がっても、
さほどインパクトを受けないということです。

 この表で「−1に近い、関係が遠いもの同士を買うと、リスク分散にな
る」のか〜。ネットでこんな便利なものが出てくるとは。
参考にしよう！！！

 資産運用をしてほしい会社がどんどん発表してくれるので、ありがたく
使わせてもらいましょうね♪

相関係数が−1に
近いペアほど、
リスク分散に！

成長爆上がり！のヒミツは 「1年で区切る」発想

「会計思考」で人生にめっちゃ使えるのは、「一定の期間で、強制的に区切ること」です。

あなたもふだん、日々に流されて、「ボーッと生きてんじゃねーよ！」とチコちゃんに叱られる生活をしているのではないでしょうか。会計ではかならず「決まった期間のことを振り返って、数字でまとめる」作業をします。

人生でも、強制的に自分の現状を棚卸ししたり、1年間を振り返ったり、俯瞰的に自分の課題を知ることって、とても重要だと考えます。

会社員だと、日々のことに追われてもお給料はもらえたりするので、余計に忘れがちかも……それでは、成長はなかなか厳しいかもしれません。

具体的には、年のはじめに目標を設定し、年末で自分のなかで決算（年収がいくら減った・増えたの P/L と口座残高や投資残高、借入残高がどうなったかの B/S などを把握する）をして、さらに PART4 であげた財務分析のように去年の自分と今年の自分を比べた「成長率」を振り返ることが重要です。

差異が生じていればその原因を究明し、次期以降の対策を練るワケです。1年だと期間が長すぎてテンションがもたないわ〜……ということでしたら、その期間を半年や四半期などと短くしてみてください。

1年を振り返ったら、「翌年の数値化した目標を立てる」という感じでルーティン化していけば、あなたの人生も中長期的に軌道に乗ってくるハズ！

最近の時代に合わせた話をすると、たとえば YouTube をやっているならフォロワー数を何人まで増やそうとか、フリーランスなら売上をいくらまで増やそうとか、明確な目標を立てて1年間そこにコミットしていくと、自ずと成長率は爆上がりしますよ。

SECTION

7

POINT

ここが
ポイント！

投資家の期待度が
わかる！「PER」

☑ 株価収益率（PER）＝株価／EPS（1株あたりの純利益）
☑ PER、企業の成長性への投資家の期待値
☑ 投資家が考えるその企業の「寿命」とも解釈できる

株の投資で使われる「定番の指標」も、ご紹介しておきましょう。
「**PER：Price Earnings Ratio**（株価収益率）」という指標です。
ちなみにちょっと複雑なので、株にまったく興味のない人はこのPER
と次のPBRは読み飛ばしても構いません。

あ、PER知りたかったんですよ！　株を買い始めたのはいいけど、用
語が全然わからなくて。

PERは「その会社の成長に対する投資家の期待値」と思ってください。
一般的な会計の本だと、PERは「株価の割高／割安」の目安と言われ
ていて、20倍以上だと割高、10倍未満だと割安とされるんですが、そ
れよりも「将来性の指標」としての側面が強いかな。

スゲエ。「投資家の期待」が数字であらわせるんですねぇ。

式自体は超シンプルなので、先に紹介しちゃいますね。
PERは、株価を「**EPS（1株あたりの儲け）：Earnings Per Share**」
でわったものです。

実はEPS自体、会社の収益性を見る1つの指標でもあるんですよ。
EPSの計算で使う「当期純利益」って、P/Lからそのまま引っ張ってく
るんじゃなくて、会社が発表している今期予想の数字を使ったりするん

ですけど、その数字を発行済みの株数でわることで、「**EPS（1株あたり生み出すであろう会社の儲け）**」がわかるワケですね。

競合他社との比較でよく使います。売上規模や株の発行総数が全然ちがう会社同士でも、**EPSにすると「稼ぐ力」が比べやすくなる**んです。

 なるほど。

 で、改めてPERはなにかと言うと「いまの株価はEPSの何倍か？」を示すものなんですよ。PERが50だったら、「あの会社のPERは50倍」みたいな言い方をします。

$$PER \quad \frac{株価}{EPS} \ (倍) \qquad\qquad EPS \quad \frac{当期純利益}{発行済株式}$$

 たとえば、想定される当期純利益が5000万円で、発行済みの株が10万株だったら、5000万円÷10万株でEPSは500円。つまり1株あたり500円の利益が出るだろうというワケです。

- 当期純利益 5000万円
- 株10万株・株価10000円の場合

$$EPS= \frac{5000万円}{10万株} = 500円$$
（1株あたりの儲け）

$$PER= \frac{10000円}{500円} = 20倍$$
（株価収益率）

 # もう無理……タスケテ（泣）。

 ド文系の方は、今から説明する「意味」で理解すれば大丈夫です！

まず、**株価って基本的にEPSより高いのが大前提**です。なぜなら株価って1株あたりの値段のことですけど、1株あたり500円の儲けを出している会社の株が、300円で買えたら……おかしくないですか？

あー、そっか。株価のほうが基本的に高いから「何倍」って言い方をするんですね。

そうなんです。で、**PERって企業買収をするときにもよく使います。**その場合のPERの値は、「この会社の株を全部買ったら、何年で資金が回収できるか？」という目安で使います。

え？　でも……株価もEPSも「1株あたり」ですよね……。

そうです。でも**分子と分母に「発行済株式総数」をかけちゃえば、PERって「会社の時価総額（＝株価×発行済株式総数）／当期純利益」と同じなんです。**

あぁ、そうか。会計って、うまく理屈に合うように、都合のいい数値を入れていくんですね～。

そう、だから計算そのものよりも、「どうすれば、的確に会社の経営状況を理解できるか？」という視点を持つ必要がありますね～。
PERが8倍の会社だったら「8年で回収できるかな？」という目安にはするんですけど……、じゃあ、ちょっと質問です。

> **Q** あなたは、PERが300倍の会社の株を買いますか？

ペイするのに300年かかる……？　買いません！（キッパリ）

実際にはPER300倍の会社って普通にあるし、買収されたりするんです。なぜかと言うと、会社が今後急成長していけば「純利益」が増えますよね？　すると、EPSの値がどんどん大きくなる。1株あたりの純利益ですから。分母のEPSが大きくなると、PERは小さくなります。
こういう理屈があるから、投資家たちは、「今はPER300倍でも、たぶん10年くらいで回収できるだろう」と読んでいるんですよ。

だから**PER**は「投資家の期待値のあらわれ」と呼ばれています。

そうなんだ。逆に、PERが低いと……？

PERが3倍くらいしかない会社もあります。会社を買収すれば3年で元が取れるワケですからめっちゃ割安。

でも、逆に考えてみてください。「この会社は今のビジネスモデルだと、あと3年もすれば終わっちゃうのかな？」と市場が見ているかもしれない……とも解釈できる。**企業の寿命みたいなものです。**

……あ、たしかに！　こえ～～。

PERに関しては、高い会社には「成長が期待されているんだな」と考えてみてほしいです。逆に、3倍とか4倍とか極端に低い会社に関しては、「もしかしてオワコン？」と疑ってみるといいかもしれない。

ちなみに有名な企業のPERってどれくらいなんですか？

ググればすぐに出ますよ。たとえばNASDAQに上場しているIT系大手だと、Amazonは70倍くらいで、NETFLIXは50倍くらいかな。MicrosoftとGoogle（Alphabet）は40倍くらいです。

あくまでも目安だし、業界によって平均値って全然ちがうんですけど、なんとなくその企業の将来性の指標になる気がしませんか？

めっっっちゃしますね。 イーロン・マスクの「テスラ」とかどれくらいだろう？　「テスラ PER」で検索、っと……え？　630倍！！！（笑）。たしかに期待値ですね、コレ。

PERとは
会社の成長に対する
期待値である!!

らっくらく♪
ファイナンス理論のキホンを知ろう！

SECTION

8

POINT

ここが
ポイント！

株価のお買い得感が
わかる！「PBR」

☑ 株価純資産率（PBR）＝株価／BPS（1株あたりの純資産）
☑ 純資産のことを「解散価値」とも呼ぶ
☑ PBRは「株価の割高感、割安感」の目安
☑ 「ハゲタカファンド」はPBRが1倍より低い企業を狙う

PERに似た指標で、「**PBR（Price Book-Value Ratio）：株価純資産率**」というものもあります。こちらも「株価が割高か、割安か」の目安で使うことが多い指標です。

分子が株価なのはPERと同じで、分母が「BPS（Book value Per Share）：1株あたりの純資産」になります。EPSは純利益でしたけど、BPSは純資産。
つまり、分母が「返済義務のない会社のお金」ということ。

$$PBR \quad \frac{株価}{BPS} \quad (倍)$$

$$BPS \quad \frac{純資産}{発行済株式総数}$$

えっと……PERは「株価が、1年で儲ける額の何倍か」で、PBRは「株価が、会社の純資産の何倍か」。どう使い分けるんですか？

実際には投資家はPERもPBRも見るんですけど、先ほどのPERって式に純利益を使うので、赤字の会社だと計算できなくて、PERが開示されないんですよ。
そういうときでも、PBRだったらわかるんですよ。

え、めっちゃ便利な指標じゃないですか。知りたい……！

ご期待にお応えして、PBRの説明をしていきますね。
純資産って「返済義務のない会社のお金のこと」でした。B/Sの復習ですが、そもそも純資産とは、B/Sの左側の総資産から、右側の負債を引いたものでしたね。

うんうん。

コレって、会社のオーナーが「もうヤダ！ 飽きた！ 解散！」と会社の資産を全部売り払って、さらに負債も全部返したら、いくら手元に残るのか？ と同じ意味でもありますよね？

だから、純資産のことを「解散価値」とも言うんです。**今、もし会社が解散したときの、その会社の価値。**
そして、会社が解散するときって、手元に残った純資産は株主で山分けするんですよ。

え〜……でも、倒産するときって、純資産残ってなさそう。

借金を抱えて倒産するときは残りませんが、まだ元気な会社が解散することもあって、そのときは「山分けする」という決まりになっています。

だから「**1株あたりの純資産（BPS）**」って実は、「**解散時に株主がもらえる1株あたりのお金**」という意味でもあるんですよ。

なるほど〜！

同じ「解散」という文脈で考えると、「**株価＝解散時にお金をもらえる権利料**」みたいなものなんですよね。
PBRの1つの目安が「1倍」。1倍より大きければ割高、低ければ割安。

1倍より 小さければ 割安		PBR （株価純 資産率）		1倍より 大きければ 割高

「なぜ1倍か」の根拠ですが、**PBRが1倍より高いということは、「解散時にもらえるお金（BPS）」よりも、「株価」のほうが高いという意味になるからです。**

娘がガチャガチャが好きでよくやるんですけど、「おいおい、これで300円かよ……」って毎回、割高感を覚えるのと同じ？

似てます、似てます（笑）。ガチャガチャを回す権利が「株価」で、出てくる物の価値が「BPS」みたいな感じですね。それって投資家からすれば損ですから、PBRが1倍以上だと「割高」だと言うんです。

なるほど〜。逆に1倍より低いと、儲かるんだ。

はい。ただ何度も言いますけど、**日本の会計基準の場合、「資産価値が時価ではなくて取得原価のまま」なので、PBRが1倍未満でも儲からないことはあります。** ただ、基本的な考え方はそういうことです。

よしっ！ 儲けの参考にします……！

ちなみに「ハゲタカファンド」って、PBRがめっちゃ下がっている会社を探してきては「敵対的買収」をして、「はい解散！」って言って会社を売り払って儲ける集団のことなんですよ……。

コワッ……。まさに弱った獲物を食い尽くすハゲタカや…………。

もっと知りたい！ **❯ 企業の再建をよそおった外資の「ハゲタカ」**
日本企業の再建に外資系ファンドが絡むニュースなんかを見ませんか？　アレ、たいていは「ハゲタカ」だと思って間違いありません。会社ごと売り払うことはなかなかできませんが、たとえば東芝の半導体事業売却のように、事業部ごとに売ったりしてごっそり儲けることを目的としています。

会計思考を身につけよう！ 8

危険！自分が「ボトルネック」になっているかもよ？

　管理会計のパートで、生産ラインでのボトルネックの話をしましたが、コレ、個人にも言えることなんです。

　それは、日常生活のなかや仕事の面で、「自分がボトルネックになっていないか？」ということ。ボトルネックになっていることに気づかない人って、意外と多いんです。

　よくビジネス書でも「上司に資料作成を命じられたら、多少粗くても早めに見せたほうがいい」って言いますよね。トヨタの「巧遅拙速」なんかも同じですが。
　担当者のこだわりでたっぷり時間をかけたところで、上司の意図とズレていたらやり直さないといけない。だから、かんたんに確認してもらう必要があるわけです。

　「やり直し！」と突き返されると、担当者は「なんだよ、オレの時間を無駄にしやがって」ってブツブツ文句を言いがちなんですけど、上司からすれば「チーム全体の時間を無駄にしやがって」って思っている。
　完全に「見ている視野」がちがっているんです。

　「視野」というものは、決して数値化されるものではありませんが、社会人としての評価を大きく左右する、大事なスキルだと思います。
　たとえば管理職なら、一番大事な仕事って「チーム全体を見わたして、ボトルネックを排除すること」なのに、本人が「しょーもない経費精算」に時間をかけたりして、平気でボトルネックになっているマネジャーもけっこういます。

　どんな立場でも「自分がどうか？」だけではなく、「チームはどうか？」「会社に対してどうか？」と視野を広く持って行動したいものですね。

先行き不透明な ヤバい 時代、あなたはどう生きていく？

　ここまで読んでいただき、ありがとうございました。
　会計の世界は、いかがでしたか？

　少しむずかしいところもあったかもしれませんが、細かい内容がわからなくても構いません。

「会計って、こんな感じなんだな」
「会計思考、役に立つかも！」

　と思っていただければ、私が本書をつくった目的はほぼ達成されたようなものです。

　私は、経済的・時間的・人間関係・地理的、すべての面で、何物にも縛られない「プロフェッショナルな自由人」になりたくて、ここまで必死にやってきました。
　夢をかなえるために、学生時代から勉強やスポーツに勤しみ、資格を取得し、起業して、「いま」があります。

　資格勉強中だった大学生時代には、奨学金を上限いっぱいまで借り

て、京都の6畳一間のボロアパートに男2人でルームシェアをし、井戸水をペットボトルに汲んで飲んで、夜ごはんは毎日100円のレトルトカレーを食べ、月に1回の贅沢は牛丼。

　知り合いに話すとビックリされるような、まさに「平成時代の大貧乏」です。

　そんな経験をしながら、毎日勉強し、無事に公認会計士の資格試験を突破しました。

　そうして命がけで取得した会計士資格をもって、新卒で世界的に有名なコンサルティングファームに入社。

　やりがいは感じていました。

　ただ、会計を勉強すればするほど、実際のビジネスで使えば使うほど、物事を長期的で広い複眼的視野で見ることができるようになっていった私は、いつしか、

「1つの会社に雇われている意味って、何なんやろ……？」

　と疑問を感じるようになったのです。

　そこから一念発起して、26歳の若造は東京で起業しました。

「生きててよかったな〜」と思うほど、幾度となく楽しい経験をしてきたうえに、思っていたより苦労もなく、起業して正解だったとつくづく思っています。

　たとえ厳しい局面があっても、すばらしい方たちとの出逢いにかならず助けられ、「会計思考」を使って乗り越えてきました。

　おかげさまで起ち上げた事業は、スタッフにも恵まれ、毎年右肩上がりの成長を続けています。

ただ、私にとって会計の知識は、「収入以上の財産」を与えてくれるものだったと痛感しています。

　単純に「数字を見る」だけではなく、「過去の実績を振り返って、学ぶ」「未来を見る、先を見通す」会計思考の能力は、この不透明な時代になくてはならないものだからです。

　いまなら、「やる気は人一倍あるのに、やり方がわからず、路頭に迷っている過去の自分」に何か教えてあげられるかも……

　そう考えたのが、本書を出すきっかけでした。

　過去の私が「会計思考」で変われたように、考え方ややり方の工夫1つで、人生を大きく好転できる人がたくさんいるのではないかと思い始めたのです。

　続く不況のなかで、さらにコロナウウイルスという大打撃。

　これらの影響で、これまでの日常が180度変わりました。

　以前は「あたりまえ」だったことが、「贅沢なこと」になったケースもめずらしくありません。

「いつか世界はよくなっていく」といった受け身の姿勢では、到底やっていけない時代になってきているのではないでしょうか。

「終身雇用は安心」
「大手企業なら大丈夫」

　そんな「かつての理屈」が通用しなくなってきた現在。

「最低限、自分のことは自分で面倒をみないと、マジでやばい……」

「死活問題レベル」くらいの危機感をもって行動していかなければな

らない、そう強く感じています。

　自分自身を律し、正しい情報を選別し、経済的にも自立して生きていくチカラが、今後の私たちにはますます必要になってくるはずです。
　今後……なんて悠長な気持ちではなく、「いますぐに必要！」と感じている方もいることでしょう。

　本書でご紹介した「会計の知識」と「会計思考」は、こんな不確かな世の中をサバイブしていくために、かならず役立つスキルです。
　ぜひ、自分から能動的にこのスキルを獲得していってください。

　かく言う私も、まだまだ成長過程にいます。
　会計思考で、学びのフローとストックの流れを止めず、レバレッジをきかせて、さらに「プロフェッショナルな自由人」として成長していくつもりです。

　本書を読んでくださったみなさん、これからもいっしょに成長を続けていきましょう。

　最後まで読んでくださり、本当にありがとうございました。

2021 年 9 月吉日

小山 晃弘

超役立つ「会計用語」集

あ	か
ROE(Return on Equity)	買掛金
安全余裕率	会計帳簿
IFRS(イファース)	会計公準
売上高純利益率	解散価値
売上高増加率	貸方
売上高総利益率	貸倒引当金
売上高粗利率	加重平均
売上高付加価値率	加重平均資本コスト(WACC)
売上高利益率	株式資本
売掛金	貨幣の時間的価値
売掛債権	貨幣的評価の公準
営業外費用	借方
営業外利益	株価
営業活動	勘定科目
営業CF	管理会計
営業利益	機会原価
益金	機会費用
SGA	企業実態の公準
FCF	期待収益率
NPV:Net Present Value	キャッシュフロー
(正味現在価値)	金融商品取引法
	繰延資産
	黒字倒産

経常利益

継続企業の公準

経費の分割計上

決算書

決算書類

決算短所

月次決算

限界利益

限界利益率

原価管理

減価償却

現金主義

現金同等物

現代ポートフォリオ理論（MPT）

工業簿記

合計試算表

合計残高試算表

貢献利益

国際財務報告基準

固定資産

固定資産回転率

固定負債

固変分解

コンコルド効果

さ

在庫回転率

財務

財務会計

財務活動

財務三表

財務CF

財務諸表

債務超過

財務分析

財務レバレッジ

サンクコスト

残高試算表

C/S（シーエス）

C/S（キャッシュフロー計算書）

CF

CP（コマーシャルペーパー）

CVP分析

資産減少

資産増加

試算表

事業の状況

自己資本

自己資本比率

自己資本利益率

四半期財務諸表

資本金

資本剰余金

収益（または利益）

収益減少

収益性分析

収益増加

主要簿
主要な経済指標などの推移
純資産
純資産減少
純資産増加
純資産のマイナス
純損失
純利益
商業簿記
将来価値から現在価値を割り戻す計算式
仕訳帳
製造原価
製造原価計算
正ののれん
税引前当期純利益
税引後当期純利益
制約理論(TOC)
相加平均
相関
相関係数
総勘定元帳
総資産回転率
総資産増加率
粗利率
損益分岐点比率
損益分岐点分析
損金
損金不算入

た

単式簿記
短信
耐用年数
超過収益力
DCF法(ディスカウントキャッシュフロー、Discount Cash Flow)
MM理論
敵対的買収
デュポン分析
当期純利益
投資活動
投資CF
投資等
特別収益
特別損失

な

日本版GAAP(ガープ)
のれん

は

配当
発生主義
ハゲタカファンド
販売費及び一般管理費(販管費)

PER：Price Earnings Ratio（株価
収益率）

P/L（ピーエル）

P/L（損益計算書）

B/S（ビーエス）

B/S（賃貸対照表）

PBR：Price Book-Value Ratio
（株価純資産率）

費用（または損失）

費用収益対応の原則

費用減少

費用増加

ファイナンス理論

複式簿記

複利

負債

負債減少

負債増加

負ののれん

フリーキャッシュフロー

分散効果

補助簿

ボトルネック

ポートフォリオ（分散効果）

ま

埋没原価

無形

無形固定資産

や

有価証券報告書

有形

有報

予算管理

ら

利益剰余金

リスクプレミアム

流動資産

流動負債

労働生産性

労働装備率

わ

ワンイヤールール

ぶっちゃけ会計のことが
まったくわかりません…

YouTuber会計士がゆる〜く教える
会計「超」入門

2021年　9月5日　第1刷発行
2023年　2月7日　第6刷発行

著　者　　小山晃弘

発行者　　大山邦興

発行所　　株式会社 飛鳥新社
　　　　　〒101-0003
　　　　　東京都千代田区一ツ橋2−4−3　光文恒産ビル
　　　　　電話（営業）03-3263-7770（編集）03-3263-7773
　　　　　http://www.asukashinsha.co.jp

装　丁　　上坊菜々子
印刷・製本　中央精版印刷株式会社